沥青路面探地雷达无损检测技术原理与应用

吴闻秀 邹晓勇 顾兴宇 刘 震/著

·南京·

图书在版编目(CIP)数据

沥青路面探地雷达无损检测技术原理与应用 / 吴闻秀等著. -- 南京：东南大学出版社，2025.3.
ISBN 978-7-5766-1859-4

Ⅰ. U416.217

中国国家版本馆 CIP 数据核字第 202455HY76 号

责任编辑：魏晓平　　责任校对：咸玉芳
封面设计：王　玥　　责任印制：周荣虎

沥青路面探地雷达无损检测技术原理与应用

Liqing Lumian Tandi Leida Wusun Jiance Jishu Yuanli yu Yingyong

著　　者	吴闻秀　邹晓勇　顾兴宇　刘　震
出版发行	东南大学出版社
社　　址	南京市四牌楼 2 号　　邮编：210096
出 版 人	白云飞
网　　址	http://www.seupress.com
电子邮件	press@seupress.com
经　　销	全国各地新华书店
印　　刷	广东虎彩云印刷有限公司
开　　本	700mm×1000mm　1/16
印　　张	10.75
字　　数	198 千字
版　　次	2025 年 3 月第 1 版
印　　次	2025 年 3 月第 1 次印刷
书　　号	ISBN 978-7-5766-1859-4
定　　价	59.00 元

本社图书若有印装质量问题，请直接与营销部调换。电话(传真)：025-83791830

前 言
Preface

随着我国经济的快速发展,道路基础设施建设进入全面升级的关键时期。道路养护作为保障交通网络安全与运行效率的重要环节,其重要性日益突出。然而,传统的道路养护技术在效率、准确性和经济性方面存在一定的局限,无法满足当前复杂路况下的快速检测与决策需求。

近年来,无损检测技术逐渐在道路养护领域得到了广泛应用。其中,探地雷达(Ground Penetrating Radar,GPR)技术作为一种高效的无损检测手段,凭借其非接触性、高精度和多层信息获取能力,成为解决道路基层状况评估的重要工具。通过与其他智能技术的深度融合,探地雷达技术不仅能实现更精准的路面隐患识别,还能为科学决策提供有效依据。然而,与其核心技术相配套的多层次解析方法和实用化框架仍需进一步探索和完善。

本书聚焦提升道路基层材料检测的精度与可靠性,结合无损检测与智能分析技术,力求突破传统技术的瓶颈,为道路养护决策提供全新的技术方案与实践路径。本书详细阐述了无损检测技术在道路基层评估中的理论基础、算法创新及实际应用,旨在为研究人员和工程从业者提供技术支持,助力实现道路基础设施的高效、绿色和智能化发展。

本书的章节内容安排如下:

第一章,绪论。介绍探地雷达技术的发展及探地雷达技术在沥青路面无损检测中的国内外研究应用现状,总结现有研究的不足。

第二章，沥青路面结构电磁波传播机制与影响因素。主要介绍电磁波传播机制与影响因素，研究电磁波在沥青混凝土和水泥稳定碎石多物理介质中的传播机制与衰减规律，分析电磁波频率、介电常数、含水率、孔隙率等因素对电磁波传播的影响规律，并基于有限元软件COMSOL在频域和瞬态下分别对探地雷达检测路面进行仿真模拟，明确探地雷达检测参数的最佳范围，奠定了探地雷达精准无损检测的基础理论。

第三章，沥青路面半刚性基层病害精准智能识别。基于有限差分软件gprMax对探地雷达检测路基路面病害进行仿真模拟，对比频率对检测结果的影响，并对裂缝、脱空和空洞等典型病害进行特征分析，结合实测结果总结路基路面典型病害的判定依据；然后利用深度学习模型YOLO（You Only Look Once）实现雷达图像中隐性裂缝的识别定位，详细介绍数据集构建的过程、YOLO模型的检测原理和版本更新，根据训练和检测结果，进一步实现模型的优化。

第四章，沥青路面半刚性基层病害注浆处治与性能评价技术。通过设计室内试验，研究不同配合比注浆材料的性能，确定注浆材料的最佳配合比及外加剂；基于探地雷达检测并结合选定注浆材料的流变性能，研究适配的注浆工艺，并依托实体工程进行注浆处治的应用研究；通过对不同病害处治前后探地雷达的图像识别，评价注浆材料的空间分布情况，结合弯沉测试等技术综合评价注浆处治的效果。

第五章，结论与展望。总结本书的主要研究内容，阐述存在的问题以及未来的研究方向。

本书是金华市公路与运输管理中心和东南大学在沥青路面探地雷达无损检测技术研究方面的科研成果的初步总结，由多人参予完成。其中，吴闻秀为主执笔人，邹晓勇、顾兴宇、刘震为合著者，他们共同完成了本书的主要内容。刘惊、徐文有、张洪光、方向征、朱波、卢浩、董磊、邹春贤、涂昊、张军辉、陈龙庭、李银燕、陈一飞、郑瑞建、黄磊、潘杭平、方志华、樊夏奇、张标、周创、赵奔等也参与了课题的部分研究工作，为本书的完成作出了贡献。

本书由浙江省金华市重大（重点）科技计划项目（项目编号 2021-3-176）资助下完成，并得到了金华市公路与运输管理中心、东南大学、东阳市公路与运输管理中心以及武义交通旅游投资建设集团有限公司的大力支持，在此一并致以诚挚的谢意。

鉴于作者的实践经验及学识水平有限，书中难免存在不足之处，恳请读者批评指正。

作者
2024 年 9 月于东南大学

扫码看彩图

目 录
Contents

第一章 绪论 ·· 001
  1.1 研究背景及意义 ···························· 002
  1.2 国内外研究现状 ···························· 003
  1.3 研究内容和技术方案 ······················ 008
    1.3.1 研究内容 ································ 008
    1.3.2 技术关键 ································ 009
    1.3.3 创新点 ·································· 010
    1.3.4 实施方案 ································ 010

第二章 沥青路面结构电磁波传播机制与影响因素 ··· 013
  2.1 电磁波传播机制及影响因素 ··············· 014
    2.1.1 电磁波基本理论 ······················ 014
    2.1.2 探地雷达检测原理 ··················· 016
    2.1.3 探地雷达组成 ························ 017
    2.1.4 探地雷达最佳检测高度 ············· 018
    2.1.5 沥青路面孔隙率及含水率检测 ······ 021
  2.2 基于COMSOL的探地雷达仿真 ············ 026
    2.2.1 基于频域的探地雷达模拟 ··········· 026
    2.2.2 孔隙与含水随机分布数值建模的蒙特卡洛法 ······································ 036
    2.2.3 基于随机孔隙的有限元模拟 ········ 041
    2.2.4 瞬态下路面病害位置和半径的探测难易程度研究 ································ 047
  2.3 本章小结 ···································· 053

第三章 沥青路面半刚性基层病害精准智能识别 ······ 055
  3.1 基于gprMax的路基路面病害特征研究 ··· 056

      3.1.1 路基路面病害二维模拟 ………………………………………… 056

      3.1.2 路基路面病害三维模拟 ………………………………………… 080

      3.1.3 病害特征汇总 …………………………………………………… 086

  3.2 基于深度学习的路面内部病害智能识别 …………………………… 091

      3.2.1 深度学习简介 …………………………………………………… 091

      3.2.2 目标检测 YOLO 模型概述 …………………………………… 092

      3.2.3 路面病害雷达图像数据集 ……………………………………… 101

      3.2.4 模型训练与结果分析 …………………………………………… 104

  3.3 基于逆时偏移成像的沥青路面内部病害三维重构 ………………… 109

      3.3.1 逆时偏移成像原理 ……………………………………………… 109

      3.3.2 道路结构病害三维探地雷达数值模拟 ………………………… 110

      3.3.3 基于逆时偏移的病害图像三维重构 …………………………… 117

  3.4 本章小结 ………………………………………………………………… 122

第四章 沥青路面半刚性基层病害注浆处治与性能评价技术 ……………… 123

  4.1 半刚性基层典型病害及成因分析 …………………………………… 124

  4.2 地聚合物注浆材料制备及性能测试 ………………………………… 126

      4.2.1 注浆材料制备 …………………………………………………… 126

      4.2.2 材料性能测试试验 ……………………………………………… 128

  4.3 沥青路面半刚性基层注浆工艺 ……………………………………… 130

      4.3.1 试验路段概况 …………………………………………………… 130

      4.3.2 注浆施工方案 …………………………………………………… 136

  4.4 基于无损检测的注浆处治效果评价 ………………………………… 140

      4.4.1 基于探地雷达的道路结构缩尺模型检测结果 ………………… 140

      4.4.2 基于探地雷达的注浆路段现场检测结果 ……………………… 148

      4.4.3 基于落锤式弯沉仪的注浆段弯沉检测结果分析 ……………… 149

  4.5 本章小结 ………………………………………………………………… 151

第五章 结论与展望 ……………………………………………………………… 153

  5.1 主要研究结论 ………………………………………………………… 154

  5.2 研究展望 ……………………………………………………………… 155

参考文献 ………………………………………………………………………… 157

第一章
绪 论

1.1 研究背景及意义

2023年浙江省交通运输厅公布了当年度的全省国省道公路路况:检测里程总计24 717 km,国省道公路路面技术状况指数(PQI)均值为93.44,优良路率为99.29%,路面损坏状况指数(PCI)均值为94.45[①]。浙江省的国省道路面大多采用半刚性基层的沥青路面结构形式,这主要是由于半刚性基层具有强度高、造价低和施工方便等优势。但随着公路使用年限的增长,从浙江省已建成的半刚性基层沥青路面使用情况看,因建设初期技术力量储备较薄弱、经济基础较差,且受到全省高温多雨的气候条件、软基路段较多、超限超载现象较为严重等综合因素的作用,沥青路面基层出现了不同程度的病害,对公路的社会服务功能和形象造成了不利的影响。

目前,我国公路沥青路面半刚性基层病害的检测以钻孔取芯和开挖为主,较少应用超声波和探地雷达等无损检测技术,且无损检测中自动化和智能化程度较低。尽管部分工程实践中,已尝试采用探地雷达无损检测技术对路面内部病害进行检测,但与之相关的核心技术尚未形成突破,导致半刚性基层病害的检测效率和检测精度不高。半刚性基层病害的精准探测与识别及快速有效处治技术一直是道路工程领域的大难题,且处治材料与工艺、处治方法的研究尚未成熟,大规模推广应用较难实现。

然而,随着交通流量的增长和公路养护里程的快速增加,对公路沥青路面半刚性基层病害自动化、精准化、智能化识别的无损检测技术要求越来越高,对基层病害处治的低破坏、快修复、高耐久、高环保技术要求也不断提高。因此,急需研究并集成最新的检测技术和病害处治技术,同时开展相应的工程应用,构建公路沥青路面半刚性基层病害精准智能检测与快速低损处治方法体系。本书旨在充分吸收国内外成功经验和成熟技术,结合浙江省公路沥青路面基层病害检测和管养现状,研究利用探地雷达检测技术、信号与图像处理技术、深度学习方法等开展公路沥青路面半刚性基层病害精准智能识别的方法;研究沥青路面半刚性基层中的注浆处治方法,并通过相关性能试验形成性能最优的改良方案与注浆工艺;通过注浆后探地雷达的二次探测验证对比及宏观弯沉测试等方法,研究半刚性基层注浆处治的效果,最终建立半刚性基层病害处治的性能评价方法。通过上述技术研究,最终实现公路沥青路面半刚性基层病害的精准处治与评价,有力支撑公路路面病害快速检测、工程改扩建及养护决策等,突破公路养护发展的瓶颈,进一步推动公路养护事

---

① 来源于浙江省交通运输厅下发的《关于2023年度全省国省道公路路况检测结果的通报》。

业科学化、智能化发展。

1.2 国内外研究现状

半刚性基层病害的主要形式为裂缝和松散。在半刚性基层病害检测中,仍在使用传统的钻孔取芯法[1-2]。这种检测方式操作简单、使用方便,但随机性较大,重复性和代表性差,且检测效率低下,对公路结构具有一定的破坏性,无法满足公路未来检测的要求。使用落锤式弯沉仪(Falling Weight Deflectometer,FWD)[3-5]检测也是一种常用的检测方式,其通过弯沉值来反算半刚性基层的弹性模量。出现裂缝及松散的基层弹性模量往往偏低,因而在一定程度上采用 FWD 可实现半刚性基层病害的检测。但该方法的检测速度和灵敏性有限,且检测精度与算法设计密切相关,差异较大。

探地雷达(GPR)技术凭借快速、精准、无损的优势,在沥青路面半刚性基层病害检测中逐渐得到应用[6-8]。探地雷达基于电磁波在介电性质不同的位置发生反射的原理,利用反射波的接收时间、振幅、波形及频谱特性等参数,通过数字反演技术对道路内部结构进行成像,实现对道路结构内部病害的检测分析。如图 1.1 所示,当道路各层结构均无病害时,电磁波主要在各结构层分界面发生反射;当基层中存在裂缝等病害时,由于裂缝中充满空气和水,其介电性质与半刚性基层材料的介电性质差异较大,因而,电磁波会在裂缝上下两端发生较为明显的反射,在成像图中体现为双曲线的反射特征。

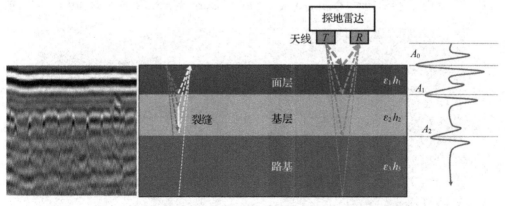

图 1.1 基于探地雷达的沥青路面半刚性基层裂缝检测原理

卢成明等人通过理论分析、数值模拟和室内试验,分析了多层均匀层状介质中垂直裂缝的电磁波响应特征,提出垂直裂缝的识别方法和探地雷达的使用技巧,能够实现沥青混凝土路面以下 1 m 深度范围内的垂直裂缝的准确定位[9]。郭士礼等人通过数值模型研究垂直裂缝的信号特征,发现裂缝宽度与顶端绕射反射波振幅值具有一定的联系[10]。朱能发等人系统地分析了公路局部脱空、裂缝、密实不均匀及塌陷等病害的原因,并总结了相应的电磁波特征[11]。欧阳文钊通过时域有限差分法正演了沥青混凝土路面的面层裂缝病害,指出探地雷达无法识别病害形状,只能定性判断病害尺寸,并结合现场实测验证了裂缝在雷达图中呈双曲线反射波[12]。Diamanti 等人建立了二维和三维模型,模拟了路面内部的裂缝病害,并比较了 250 MHz 和 1 000 MHz 两种电磁波频率的检测效果,发现 1 000 MHz 的电磁波能够反映更多的裂缝特征[13]。童峥通过级联卷积神经网络(Cascaded Convolutional Network, C-CNN)对垂直裂缝进行特征点提取,并基于散射波电场强度的裂缝真实宽度计算方法,进行裂缝特征点的修正和三维重建[14]。

在病害智能识别方面,针对沥青路面结构松散、高含水及脱空等典型病害,结合路面结构实际病害与模拟病害的对比结果,吴鹏志建立了内部病害雷达图谱,并利用专家调查法对道路内部状况进行评价[15]。Yuan 等人通过水滴算法描述了沥青混凝土面层反射裂缝的空间形态几何和定位等参数[16]。如图 1.2 所示,王一帆利用自适应粒子群优化(Particle Swarm Optimization, PSO)算法对支持向量机分类模型进行改进,将沥青路面结构内部的裂缝、脱空和沉陷三种病害的平均识别率从 87% 左右提高到了 91.667%[17]。刘立超通过人脸识别算法和三维探地雷达技术,获取了道路空洞、裂缝等病害的空间信息,实现了对道路空洞和塌陷的自动识别和预警[18]。Tong 等人基于卷积神经网络(Convolutional Neural Network, CNN)和更快速区域

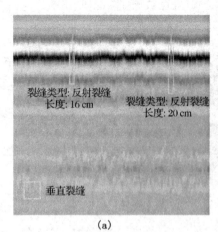

图 1.2　裂缝自动识别与取芯验证

卷积神经网络(Faster Region-based Convolutional Neural Network,Faster R-CNN)算法进行了沥青混凝土路面病害类型的自动识别和定位,并结合区域卷积神经网络和级联卷积神经网络(图1.3)实现了病害的自动化测量和特征信息提取[19-21]。

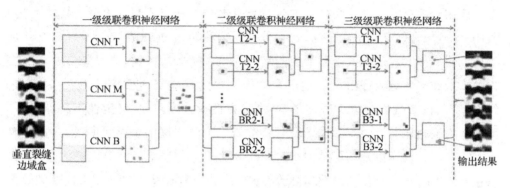

图1.3 级联卷积神经网络结构

半刚性基层病害的修复处治技术,主要包括加铺补强罩面层、功能性维修、防治和注浆技术等[22]。前两种方法通过增设功能层进行修补,无法对基层病害进行根治。注浆技术则能利用浆液与受损的基层结构胶结形成固结体,从根本上实现病害的修复。

半刚性基层需要一定的养护时间才能形成强度并具有较高的刚度,同时必须保证足够的结构完整性,才能承受反复的荷载。因此,为满足路用性能要求,对半刚性基层病害进行快速修补时,必须使裂缝修补材料快速形成强度并结成完整的整体。

目前,注浆材料主要为水泥注浆材料和化学注浆材料。水泥注浆材料中最常用的是普通硅酸盐水泥,其优点是原材料来源广、成本较低、无毒害、施工工艺简便;其缺点是水泥浆液稳定性差、容易沉淀析水、凝结时间较长,并且由于水泥颗粒直径大,对微细孔隙的注入能力常常受到限制。为了改善水泥浆液的性质,常在水泥浆液中掺入各种外加剂。例如,水泥-水玻璃浆液主剂是水泥和水玻璃,两者按一定比例、采用双液注入方式配制。施工时,在加入缓凝剂或速凝剂所组成的注浆材料后,水泥-水玻璃浆液可克服单液水泥浆的结石率低、凝结时间长、不易控制等缺点,明显提高了水泥注浆的效果,也会扩大水泥注浆的应用范围。Pei等人通过对水泥砂浆和水泥浆两种注浆材料的流动性、强度和干缩性能的研究,发现在合适的配合比下,两者均能满足相应的技术要求[23]。Zhang等通过对注浆材料进一步的研究,发现 TH-928 高效减水剂、UEA 膨胀剂和 ZY-99 引气剂对高性能水泥浆的流动性、强度和干缩性能有不同的影响,结果显示,通过加入三种外加剂,高性能水泥浆显示出了良好的工作性能,并且通过对高性能水泥浆的注浆体积、注浆深度及残余孔隙率的研究,发现高性能水泥浆拥有更好的注浆能力[24]。

应用较广泛的化学注浆材料主要为无机聚合物和有机高分子聚合物两大类。其中,无机聚合物又称地聚合物,是一种利用偏高岭土、粉煤灰、矿渣、自燃煤矸石等硅铝质原材料经过碱激发而形成的新型无机硅铝胶凝材料,这一概念最早由法国的 Davidovits 等人提出[25]。地聚合物具有物理性能好、收缩率与膨胀率低、黏结强度高、抗渗抗冻性能好等优势,但也存在抗压强度不足、稳定性不高等问题。尹明等人通过试验研究了影响地聚合物混凝土力学强度的主要因素,包括骨料掺量、砂率、养护温度以及高温养护时间。试验表明,粉煤灰地聚合物的强度随着骨料掺量和砂率的增大先增加后降低,随着养护温度的增高而增加,在 100 ℃时达到最大值[26]。Bakharev 对粉煤灰基地聚合物碱激发剂进行研究,发现地聚合物在硫酸盐溶液中的稳定性与碱激发剂种类、硫酸盐溶液中金属离子类型及其浓度有关[27]。

有机高分子注浆材料又称高分子聚合物,具有可注性好、渗透性能好、可注入微细孔隙、凝结时间可控等优点,同时也存在诸如固结体的抗压强度较低、成本较高、配合比复杂等不足,并且大多数有机高分子浆液都有毒性,因此其发展受到多方面限制。如图 1.4 所示,王复明院士团队对非水反应聚氨酯类高分子聚合物注浆材料的环保性能、体积稳定性、耐久性和力学性能进行研究,发现此种注浆材料各方面性能优异,并从注浆机制、注浆技术和注浆装备方面对其进行了研究,推

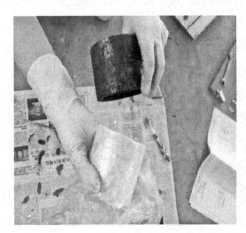 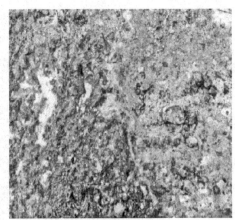

图 1.4 聚合物注浆材料固化脱模与病害处治效果

动了高分子聚合物注浆技术的发展[28-35]。

Shi 等人通过单轴压缩试验研究了不同温度条件下高分子聚合物注浆材料的抗压强度和体积变化规律,试验结果表明,高分子聚合物注浆材料的抗压强度随着密度的增加而增大,相同密度高分子聚合物材料的抗压强度随着温度的升高而降低[36]。石明生和夏威夷通过室内试验研究了双组分非水反应类聚氨酯高聚物注浆材料在固化过程中的温度变化规律以及密度对其的影响,试验结果表明,高聚物注浆材料总体固化时间较短,11 min 内便能固化完成[37]。石明生等人研究了高聚物注浆材料的吸水特性及温度变化对材料体积的影响,测量了不同密度高聚物注浆材料干燥试样的吸水率及其在－40～40 ℃温度范围内的体积变化率,结果表明干燥试样的吸水率与材料密度呈负相关关系,干燥试样的体积变化率与温度呈正相关关系,温度较高时体积变化比较显著[31]。

注浆技术利用气压或液压通过注浆管将浆液注入土基或基层,浆液以填充、挤密、渗透等方式进入孔隙中,赶走空气和水分并占据其位置,经过人工控制维持一定的注浆压力后,浆液凝固并将原来开裂或松散的结构胶凝连接成为一个整体[38]。

根据是否使用高压设备将浆液注入道路结构内部,注浆技术可分为静压注浆和高压喷射注浆两大类[39-40]。静压注浆技术是在常压下用浆液将裂隙中的土颗粒或水分空气挤出,并使浆液与原有的土粒相互胶结形成整体,从而改变岩土体的物理力学性质。高压喷射注浆技术则是通过高压将浆液喷射出来,将原有土体结构中的土粒剥离,使之与浆液胶结形成固结体,对病害进行修补。

道路工程中一般采用静压注浆的方法对基层病害进行处治,静压注浆工艺根据注浆压力、地质条件、浆液的运动形式、替代方式及浆液对土体的作用机制等的不同,又可分为充填或裂隙注浆、渗透注浆、压密注浆及劈裂注浆等类型[41]。其中,渗透注浆、压密注浆和劈裂注浆的应用较多,如图 1.5 所示。渗透注浆施加不会破坏原有结构的压力,使浆液渗入基层的裂缝中,排挤出其中的水和空气,注浆压力一般较小;压密注浆则需要先在道路结构中钻孔,然后通过较高强度的压力将浆液通过钻孔挤入结构,从而达到加固修复的目的,有效提高原有结构的强度和防渗性;劈裂注浆一般采用高压注浆工艺,浆液在注浆压力作用下可对结构产生附加压应力,导致劈裂裂缝的形成,浆液可沿劈裂裂缝向四周流动扩展,最终形成具有一定强度的网络状或条带状的浆结体,改善和提升原有结构的强度和承载力。

综上所述,在半刚性基层病害的检测方面,探地雷达技术具有较高的可行性,但病害的识别对人工依赖性较强。尽管已有部分算法可实现病害的自动识别,但识别速度和识别精度仍然不够,无法满足未来实时、高速、精准的检测要求。对于半刚性基层病害的处治,注浆材料种类较为丰富,但注浆材料的适用范围有限、耐久性不足等问题仍未得到较好的解决,很难应用到实际的养护工程中。

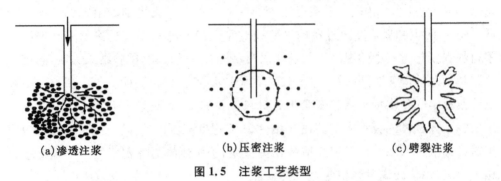

图1.5 注浆工艺类型

针对半刚性基层病害识别能力不够等问题,为实现精准、实时、智能的基层病害快速识别定位,需要研究识别速度更快、识别能力更强的深度学习算法,构建基于探地雷达与深度学习的公路沥青路面半刚性基层病害识别技术。针对注浆材料适用范围有限、耐久性不足等问题,为实现相对普适、耐久的材料性能,需要研究比选多类注浆材料及不同外加剂,研发掺有外加剂的聚合物注浆材料,形成相应的注浆工艺,并通过探地雷达技术进行基层处治效果的评价,实现公路沥青路面半刚性基层的精准修复,为公路养护决策、工程改扩建等提供有力支撑。

1.3 研究内容和技术方案

1.3.1 研究内容

1) 公路沥青路面结构电磁波传播机制与影响因素研究

(1) 沥青路面结构电磁波传播基础理论研究

针对半刚性基层沥青路面的特定材料和结构,研究电磁波在沥青混凝土和水泥稳定碎石多物理介质中的传播机制与衰减规律,分析温度、电磁波频率、沥青混凝土和水泥稳定碎石的介电常数、水分、孔隙等因素对电磁波传播的影响。

(2) 典型半刚性基层沥青路面的雷达探测有限元模拟

通过对电磁波在路面结构中的有限元模拟,形成典型结构道路内部电磁波传播的知识图谱。结合特定的探地雷达设备,明确探地雷达检测参数的最佳范围,为探地雷达精准无损检测提供基础理论。

2）公路沥青路面半刚性基层病害精准智能识别研究

（1）半刚性基层沥青路面内部病害室内模拟与仿真

针对半刚性基层沥青路面存在的主要破坏类型（裂缝、松散、层间结合状态差等），在室内开展多种病害的模拟实验，通过预先设置各种病害并结合雷达检测，研究各种病害对应的图谱信息。

（2）半刚性基层沥青路面结构影像的室外检测验证

选择新建和在役公路半刚性基层沥青路面进行雷达检测，分析完好沥青路面与运营期内部存在缺陷的沥青路面结构内部的雷达影像，并针对即将灌浆处治或大中修改造的沥青路面开展雷达检测。

（3）基于深度学习的半刚性基层沥青路面内部病害智能识别

基于探地雷达基础理论研究，通过大量室内外实测数据，构建沥青路面内部病害的雷达扫描图像数据库，研究基于深度学习的半刚性基层沥青路面病害智能识别算法，通过优化调参训练出精准且快速的病害识别模型，从而构建三维的沥青路面内部病害模型，形成相应的智能识别软件。

3）公路沥青路面半刚性基层病害注浆处治与性能评价技术研究

（1）适用于雷达探测的沥青路面半刚性基层注浆材料研发

全面调查目前国内公路沥青路面半刚性基层常用的病害处治注浆材料，分析各种注浆处治的工艺及效果，通过设计室内试验，研究不同外加剂对注浆材料性能的影响，通过选择合适的聚合物基体（聚合物基体具有一定的雷达检测显隐性、流动性及强化性能等，如铁粉、磨细钢渣或其他磁性添加剂），确定注浆材料的配合比与外加剂掺量等。

（2）基于雷达探测评价的沥青路面半刚性基层注浆工艺研究

基于探地雷达检测识别到的不同病害的位置信息，并结合选定注浆材料的流变性能，研究适配的注浆工艺，依托实体工程开展公路沥青路面半刚性基层病害注浆处治的应用研究。

（3）基于雷达探测及弯沉测试的沥青路面半刚性基层注浆处治效果评价

通过不同病害处治前后探地雷达的图像识别评价注浆材料的空间分布情况，结合弯沉测试等技术综合评价注浆处治的效果，建立相应的评价指标和标准。

1.3.2 技术关键

（1）研究电磁波在典型结构半刚性基层沥青路面中的传播机制与影响因素，分析各类病害对雷达图像的影响，构建雷达检测的病害图谱库。

(2) 研究基于大量图像识别与深度学习的雷达检测病害图像的智能识别方法。

(3) 研究公路沥青路面半刚性基层病害注浆处治材料与关键工艺,基于处治前后雷达图像的深度学习等手段,建立病害处治效果的评价指标与标准。

1.3.3 创新点

(1) 首次将探地雷达图像识别与大数据深度学习技术应用于公路沥青路面半刚性基层病害的精准智能识别中。

(2) 研究开发适用于公路沥青路面半刚性基层雷达图像智能识别与性能评价的高性能聚合物改性显影注浆材料及其工艺。

本书的技术路线图如图 1.6 所示。

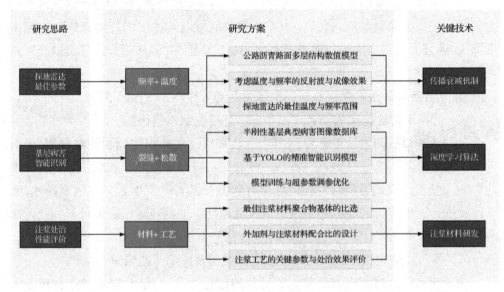

图 1.6 技术路线图

1.3.4 实施方案

1) 公路沥青路面结构电磁波传播机制与影响因素研究

根据目标公路的道路结构类型与厚度参数,如图 1.7 所示,利用有限差分软件 gprMax 建立公路沥青路面多层结构数值模型;在 $-20\sim 60$ ℃温度范围内,每隔 5 ℃通过室内介电常数测试系统确定不同温度下面层及半刚性基层材料的介电参数,并将其作为数值模型的材料参数;考虑电磁波频率($0.2\sim 2$ GHz)的影响,分析不同频率、不同温度下雷达反射波信号响应与扫描图像,从反射波振幅和扫描成像效果两个角度,研究电磁波在道路结构中的传播与衰减规律,确定公路沥青路面结构中探地雷达检测的最适宜温度和频率范围。

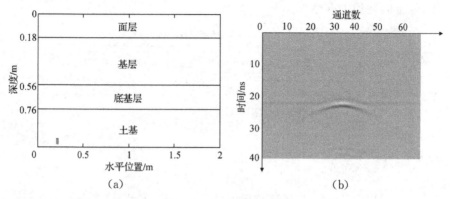

图1.7　路面结构数值模型与常见病害正演模拟结果

2) 公路沥青路面半刚性基层病害精准智能识别研究

在公路沥青路面结构电磁波传播研究的基础上,采用有限差分软件 gprMax 模拟半刚性基层的裂缝及松散等病害,并利用探地雷达对室内成型病害试件进行验证,提取半刚性基层裂缝及松散的典型雷达特征图像,如图1.8所示;通过探地雷达获取目标路段道路内部的真实图像,结合典型病害的雷达特征图像,辅以少量的钻芯取样,获取半刚性基层裂缝及松散的雷达图像各200张;基于数据增强技术,扩充两种病害雷达图像各至1 000张,构建半刚性基层典型病害图像数据库;基于深度学习目标检测 YOLO 算法,选择目前识别速度与精度最优的最新版本

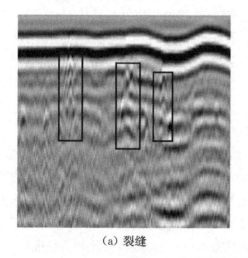
(a) 裂缝

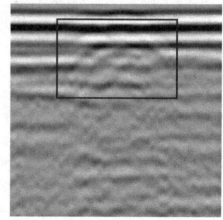
(b) 松散

图1.8　半刚性基层典型病害雷达图像

YOLO,如图 1.9 所示,搭建半刚性基层病害精准智能识别模型,将病害图像数据库分为训练集(50%)、验证集(25%)和测试集(25%),进行模型训练和超参数调整,保证病害识别准确率达 90% 以上。

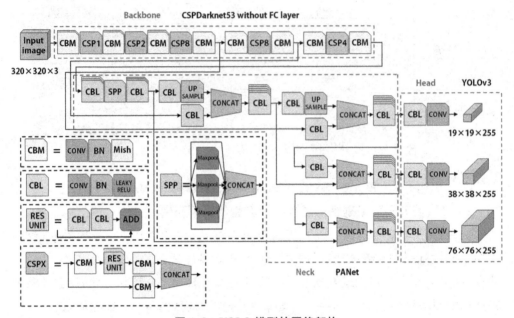

图 1.9 YOLO 模型的网络架构

3) 公路沥青路面半刚性基层病害注浆处治与性能评价技术研究

针对半刚性基层病害注浆材料基体,对地聚合物和高分子聚合物进行物理参数与性能指标比选,并与水泥浆进行对比,确定最佳的注浆材料基体;分析催化剂等不同外加剂对聚合物基体性能的影响,并通过黏度计测定不同温度下注浆材料的流动性能,基于力学试验测定注浆材料的抗压强度和黏结强度;采用吸水率试验测定其耐水侵蚀性能,利用干缩试验测定 28 天注浆材料的干缩率,以表征其长期体积稳定性,根据各项性能的指标确定最佳的外加剂掺量及配合比;根据雷达电磁波检测特点,研究添加合适的添加剂,确保注浆材料具有良好的电磁波敏感性。

结合注浆材料的性能特点和目标路段的病害状况,选择合适的注浆设备,通过室内和现场试验,确定注浆钻孔位置的排布、注浆孔径的大小、注浆质量及注浆压力的范围等关键参数;利用探地雷达对注浆后的路段进行二次检测,分析半刚性基层病害处治前后的雷达扫描图像及反射波信号的差异,结合深度学习病害智能识别模型与弯沉测试数据,确定半刚性基层病害注浆处治效果的评价指标与性能评价标准。

第二章
沥青路面结构电磁波传播机制与影响因素

2.1 电磁波传播机制及影响因素

2.1.1 电磁波基本理论

著名的麦克斯韦(Maxwell)方程组可以描述一切在宏观上的电磁情况,该方程组完美地概括了电磁场各个参数之间的相互关系[42]。

当电磁波在匀质介质中传播时,采用麦克斯韦方程组能很好地解释物质所处的电磁场与其本身介电参数的相关性。电场强度 E、电通量密度 D、磁场强度 H、磁通量密度 B 这四个参数能很好地对电磁场进行表述[43-44]。

在一般连续介质中,假设场是时间 t 和位置矢量 r 的连续函数,并且它的导函数也连续,那么电磁场的磁荷密度 ρ_m、磁流密度 J_m、电荷密度 ρ、电流密度 J 这四个参数经过整理后能得到如下形式的麦克斯韦方程组:

$$\frac{\partial D(r,t)}{\partial t} = \nabla \times H(r,t) - J(r,t) \quad (2.1)$$

$$\frac{\partial B(r,t)}{\partial t} = \nabla \times E(r,t) - J_m(r,t) \quad (2.2)$$

$$\nabla \cdot D(r,t) = \rho(r,t) \quad (2.3)$$

$$\nabla \cdot D(r,t) = \rho_m(r,t) \quad (2.4)$$

但是目前尚未发现自然磁荷的存在,因此为了将计算过程简化,使式中的 $\rho_m = 0, J_m = 0$。

电磁波在路面各结构层中进行传播时,会经过多层具有不同电磁特性的路面层,路面内的大多数物质都是有损耗绝缘体,一般被认为是非磁性物质。在电磁学中常用磁导率 μ、介电常数 ε、电导率 σ 三个基本参数来描述物质的电磁特性,其中磁导率 μ 表示物质的磁化特性,介电常数 ε 表示介质的极化特性,电导率 σ 表示介质的导电性能。

介电常数 ε 表征目标介质对电磁波吸收与释放的能力,同时,介质的极化特性也可以用介电常数 ε 来表示,一般来说,极化能力较大的介质,其介电常数也会越大。在研究中,我们常常将相对介电常数作为研究对象,介质的相对介电常数 ε_r 是介质的介电常数 ε 和真空介电常数 ε_0($\varepsilon_0 = 8.854\,188 \times 10^{-12}\,\text{F/m}$)的比值,如公式(2.5)所示。

$$\varepsilon_r = \frac{\varepsilon}{\varepsilon_0} \tag{2.5}$$

相对介电常数 ε_r 一般是复数,没有量纲,其实部可以用于表示某种介质对电磁波储存功能的度量,是复相对介电常数的实部。许多文章都涉及对介质的电磁波损耗的研究[45],电磁波的损耗在对雷达探测结果的判断中有非常重要的影响。一般来说,介质的电磁波损耗可使用复介电常数的虚部来进行表征。这是因为在外加电场场强作用下,介质内部电荷会因为发生移动导致出现摩擦,从而将一部分电磁能转变为热能。根据电磁波理论可知,随着电磁能不断转变为热能,电磁振荡受到阻尼作用,导致电磁波逐渐减弱。相对介电常数的实部对电磁波的电场产生作用,电磁场的比值发生变化,进一步减慢了电磁波在介质中的传播速度。电磁波在介质中的衰减常数可以由公式(2.6)计算得到[46]。

$$\alpha = \omega \sqrt{\frac{\mu\varepsilon}{2}\left(\sqrt{1+\left(\frac{\sigma}{\omega\varepsilon}\right)^2}+1\right)^{\frac{1}{2}}} \tag{2.6}$$

式中:

α 为电磁波在介质中的衰减常数;

ω 为电磁波的角频率,$\omega = 2\pi f$;

σ 为介质的电导率;

ε 为介质的介电常数;

μ 为介质的磁导率。

电磁波在介质中的传播速度可以由以下公式计算:

$$v = \frac{\omega}{\beta} = \frac{c}{\sqrt{\varepsilon_r}} \tag{2.7}$$

式中:

v 为电磁波在介质中的传播速度;

ω 为电磁波的角频率,$\omega = 2\pi f$;

β 为电磁波的波数,$\beta = \omega\sqrt{\mu\varepsilon}$;

c 为电磁波在真空中的传播速度,即光速,其值约为 3.0×10^8 m/s。

介质电导率会对电磁波在其中的传递产生一定影响。一般来说,金属材料导电性良好,而沥青混凝土的电导率相对而言非常小。常见物质的电磁参数如表2.1所示。

表 2.1 常见物质的电磁参数

物质材料	相对介电常数	电导率/(S·m^{-1})
空气	1	0
淡水	75~88	0.1~10
海水	81~88	1~10
干沙	5~10	0.0001~1
湿沙	10~30	0.1~10
冰	3~4	0.01
灰岩	4~8	0.5~2.0
花岗岩	4~6	0.01~1

沥青混凝土一般由固、液、气三相组成。固体一般是集料,液体是沥青胶浆和可能存在的水分,气体是残留在孔隙中的空气,因此沥青混凝土属于复合离散性材料。除此之外,沥青混凝土各个组分的介电常数、相互间的体积比等因素的变化都会对沥青路面的介电特性产生较大影响。在明确沥青混凝土的各组分介电常数及其体积比的前提下,可以通过数学模型进行复合介质的介电常数的推导[7,46]。

2.1.2 探地雷达检测原理

探地雷达是基于电磁波反射原理设计的一种探测设备。在进行路面检测尤其是路面厚度、压实度检测时,一般选择频率在 1~2 GHz 之间的天线,该频率段天线发射的电磁波穿透能力强,并且基于其衰减计算,检测深度能满足大部分路面检测的需求。

电磁波在传播过程中一旦遇到介电常数有差异的两种介质,就会发生反射,这是雷达进行沥青路面检测的基本原理。由于道路是分层铺筑的,因此各层之间的介电常数存在差异,反射波的强度取决于层与层之间介电常数的差异,具体由下述公式表示:

$$\rho = \frac{\sqrt{\varepsilon_1} - \sqrt{\varepsilon_2}}{\sqrt{\varepsilon_1} + \sqrt{\varepsilon_2}} \tag{2.8}$$

式中:

ε_1 和 ε_2 分别为上、下层的相对介电常数;

ρ 为反射系数,与反射信号的振幅成正比。

电磁波由天线向路面发射时,首先在空气与路面之间发生反射,由于空气的介电常数为 1,因此大部分能量由路面吸收,并向下传播,每经过一层,电磁波都会在该层发生反射和折射[14]。根据探地雷达天线接收到的反射波的波幅、时窗等参数,通过实验分析等手段能够较为准确地推导出路面结构层的厚度、压实度、含水率等指标。

探地雷达检测作为一种新兴的无损检测方法,相比于其他检测手段拥有很多优点[47]:

(1) 分辨率高。探地雷达的中心频率一般为 0.1~6 GHz,其分辨率与波长成负相关。

(2) 不破坏路面结构。

(3) 效率高。探地雷达主机和天线携带都很方便,并且可以连续测量,采集数据后一体化处理成像,十分方便。

(4) 结果直观明确。探地雷达系统一般能实时展示图像,图像结果能直观地反映路面内部材料介电特性的变化。

但是探地雷达也存在明显的缺点。因为路面内部介质对电磁波具有很强的衰减作用,同时路面材料和结构也多种多样,所以实际情况中,电磁波在地下传播的规律比在真空或者空气中传播时更为复杂,所以将探地雷达技术应用于沥青混凝土路面检测存在很大的技术难度。

2.1.3 探地雷达组成

探地雷达主要由天线、主机、定位系统等组成。天线作为探地雷达系统的重要部分,直接影响探测深度和精度。雷达的天线一般根据检测需要进行选择,天线频率对检测的精度和深度有很大的影响。实验数据证明:天线发射的电磁波频率越高,其在路面内部传播时能量衰减得越快,检测深度也越浅,但是其检测精度会越高,反之亦然。因此在实际的工程检测中,需要根据检测目标的位置和检测精度来选择天线。一般而言,若检测大地内部很深的位置,建议选择低频天线,因为其电磁波衰减较慢,能探测到较深的位置,但是精度比较低;若探测沥青混凝土路面面层内部的病害、孔隙率或厚度等参数,建议选择频率较高的天线。天线频率与检测深度的相互关系可以参照表 2.2。

表 2.2 天线频率与检测深度对应表

天线频率/MHz	检测深度/cm
3 000	10~30
2 000	20~50

续表

天线频率/MHz	检测深度/cm
1 000	50～100
900	75～150
500	150～300
200	300～1 000
100	1 000～2 000

探地雷达天线按耦合方式可以分为地面耦合天线和空气耦合天线。地面耦合天线由于中心频率低,电磁波在空气中传播时衰减严重,因此在检测时需要紧贴地面。空气耦合天线则没有这种限制,空气耦合天线在检测时一般距离地面 15～50 cm。

天线发射器发射的一部分电磁波会直接到达接收器,从而形成一个较强的波形,称之为耦合波(coupled wave),由于此时的电磁波尚未发生明显衰减,因此耦合波一般会具有较大的振幅。

为了减少耦合波产生的误差,在进行探地雷达沥青路面厚度测量时,应首先选择中心频率较高的空气耦合天线。其次,在使用空气耦合天线进行路面厚度检测时,应该使天线与被测物之间保持一定距离。这个距离应遵循以下两个原则:

(1) 天线直达波与地面反射波两个波形完全分离,不出现重叠状况。

(2) 由于电磁波衰减现象的存在,天线与被测物的距离应尽可能小。

2.1.4 探地雷达最佳检测高度

波一般被描述为在空间与时间中的振幅变化,比如水波、声波和电磁波都存在这种特性,而波本身就是关于各点振幅的一个函数。

一般情况下,如果用于描述波的方程是线性的,那么可以对该波形应用叠加原理。这表明在同一空间中多个波的组合振幅可以由每个波单独产生的振幅之和相加得到。两个相向传播的波经过叠加后,会直接穿过,但互相不会产生影响。当两个电磁波靠近时,若其间隔很小,则其波幅会相互影响,电磁波相互干扰问题正是影响探地雷达沥青路面厚度检测的症结所在。雷达天线发射器和接收器之间存在一个由发射器直接向接收器发射的直达波,如果天线贴近地面,电磁波因反射而在地面处产生一个地面反射波,直达电磁波与地面反射波就会发生耦合。这样就无法对反射波的振幅进行准确测量,从而导致探地雷达的测量误差。因此选择一个合适的检测高度对探地雷达测量非常重要,合适的高度能避免直达波与地面反射波由于距离近而产生的耦合现象,但同时也不能将天线位置放得过高,因为高频电磁波穿透空气时会有很大衰减。因此,在进行探地雷达检测前须确定天线的放置高度,使天线直达波和地面反射波分离,同时避免过大的电磁波衰减。

首先,进行雷达天线中心电磁波波长的计算。在不考虑电磁波衰减的情况下,电磁波波长可以通过下式计算得出:

$$C = \lambda \times F \tag{2.9}$$

式中:

C 为电磁波在真空中的传播速度,$C = 3 \times 10^8$ m/s;

λ 是雷达天线发射的中心电磁波的波长;

F 是雷达天线发射的中心电磁波的频率。

例如,天线中心电磁波的频率是 1 600 MHz,计算得到天线中心电磁波的波长为 18.75 cm。

其次,采用 IDS-RIS 探地雷达,进行将雷达天线置于钢板的不同高度来确定探地雷达检测的最佳高度的实验。在此实验中,以 $\lambda/4$ 为增量,将雷达天线逐步从紧贴地面调整到 $3\lambda/2$ 高度处。这是因为当距离大于 λ 时,直达波与地面反射波的叠加效应已经相当小,并且当距离大于 $3\lambda/2$ 时,电磁波的衰减会不断增加,不利于接收波的振幅读取;以 $\lambda/4$ 为增量是因为电磁波的垂直分辨率为 $\lambda/4$,小于 $\lambda/4$ 的长度将无法准确分辨目标物体,因此没有检测意义。IDS RIS 雷达实验结果如图 2.1 所示。

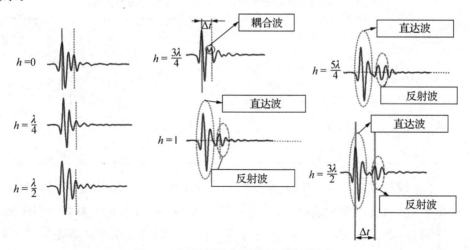

图 2.1 不同天线高度的雷达检测结果

当 $h=0$ 时,即当雷达天线非常紧贴钢板时,界面反射波与天线直达波应非常近(因为天线底部安装有抗磨层,所以天线与钢板的距离并非为 0),但实际上,按照雷达接收器得到的图形,我们只能确定虚线处的振幅为钢板界面的反射波。因此判断该图存在很明显的电磁波叠加问题。

可以通过下式判断天线直达波与界面反射波的波峰间的时间差:

$$\Delta t = \frac{\sqrt{\varepsilon_a} \times h}{2 \times C} \tag{2.10}$$

式中:

ε_a 为空气的介电常数,一般取 1;

h 为雷达天线与被测物体表面的距离;

C 为电磁波在真空中的速度。

当 h 分别为 0、$\frac{\lambda}{4}$ 和 $\frac{\lambda}{2}$ 时,可以通过计算 Δt 来判断界面反射波是否被天线直达波干扰,由于天线直达波的发射器与接收器距离不变,其位置也不会改变。当 h 为 $3\lambda/4$ 时,从图 2.1 中可以明显看到在天线直达波和钢板反射波末端依旧存在一部分波形重叠(图中凹陷部分)。而当距离大于 λ 时,这种重叠现象已经几乎不存在。所以在 h 大于 λ 后主要考虑的是电磁波衰减问题。因为电磁波的能量与其振幅密切相关,本书通过比较波形振幅大小来判定其衰减强弱。h 为 0 到 $3\lambda/2$ 时,各界面反射波的振幅如表 2.3 所示。

表 2.3 天线位于不同高度时的反射波接收时间和最大振幅

距离	接收时间/s	最大振幅/V
0	0.61	1.322 3
$\lambda/4$	0.54	1.570 2
$\lambda/2$	0.76	2.121 2
$3\lambda/4$	0.99	0.743 8
λ	1.49	0.716 3
$5\lambda/4$	1.61	0.854 0
$3\lambda/2$	1.78	0.743 8

由于天线距离钢板 $0\sim3\lambda/4$ 时界面反射波存在明显的波形叠加问题,导致其振幅出现一定程度的增加或减小,故只需考虑 λ、$5\lambda/4$、$3\lambda/2$ 时的振幅。当距离从 $5\lambda/4$ 升到 $3\lambda/2$ 时,振幅从 0.854 0 V 降到 0.743 8 V,这是由于随着距离的增加,电磁波的衰减增加,导致能量耗散严重。然而,当天线离钢板的距离从 λ 升到

$5\lambda/4$ 时,界面反射波的振幅从 0.716 3 V 升到了 0.854 0 V,在此期间距离增加,能量耗散增加,振幅本应该下降,这说明距离为 λ 时,天线直达波和钢板界面的反射波之间依然存在一定程度的叠加,导致距离为 λ 时振幅受到天线直达波的影响而偏小。因此,$5\lambda/4$ 是 IDS RIS 探地雷达(TR-HF 天线)的最佳检测高度,准确地说,$5\lambda/4 \pm \lambda/8$ 均可作为其最佳检测高度。

2.1.5 沥青路面孔隙率及含水率检测

压实度和含水率是影响路面性能的两个重要因素。其中,压实度与路面孔隙率可以直接换算。沥青混合料的孔隙率受多个因素的影响,如沥青路面的透水性能、沥青的老化程度、混合料的高温稳定性和路面疲劳寿命等。沥青混合料的总孔隙率 V_a 计算公式如下:

$$V_a = \left(1 - \frac{G_{mb}}{G_{mm}}\right) \times 100 \tag{2.11}$$

式中:

G_{mm} 为沥青混合料的理论密度;

G_{mb} 为沥青混合料的干密度(毛体积密度)。

本书主要通过拟合方式来实现探地雷达对沥青混凝土孔隙率的检测,通过对干燥且具有不同孔隙率的沥青混凝土板进行雷达检测,计算出沥青混凝土的介电常数,并将其与孔隙率进行拟合分析,获取最佳拟合曲线。最后,通过将拟合后的曲线与现有的混合物介电模型计算结果进行对比,从而筛选出最符合沥青混合料的混合物介电模型。

沥青混凝土试件的含水率 V_w 通过下式进行计算:

$$V_w = \frac{M_w}{M_d} = \frac{M_T - M_d}{M_d} \times \rho \tag{2.12}$$

式中:

M_w 是沥青混凝土板中水的质量;

M_T 是含水沥青混凝土板的总重;

M_d 是沥青混凝土板干重;

ρ 是水的密度,一般取 $\rho = 1 \text{ g/cm}^3$。

含水率检测原理与孔隙率检测类似,也采用拟合方式,即将介电常数与含水率进行拟合。但需要注意的是,在含水率改变的时候,板的实际孔隙率也发生了改变,因此该拟合需要考虑三个因素。

在含水率检测、孔隙率检测或联合考虑两者检测的时候,需要注意含水率和孔隙率并不是两个分离的量。对于含水量的分析需要结合孔隙率进行理解。这是因为对于一个指定的沥青混合料来说,其孔隙总体积是固定的,当沥青混合料的含水量增加时,其孔隙含量会相应减少。在此,我们将沥青混合料的总孔隙体积减去水分所占据的孔隙后剩余的体积称为剩余孔隙,剩余孔隙率通过下式进行计算:

$$V_{(a-w)} = V_a - V_w \tag{2.13}$$

式中:

$V_{(a-w)}$ 是沥青混合料的剩余孔隙率;

V_a 是沥青混合料的总孔隙率;

V_w 是沥青混合料的含水率。

在分析介电常数与含水量的关系时,需要将剩余孔隙率纳入考量,因为剩余孔隙率是随含水量变化而改变的变量,不能因为总孔隙量不变而忽略这个因素。为此,本书选取不同孔隙率的试件进行了不同含水率检测的试验。

1) 室内试验

实验室内含水率和孔隙率的检测可以同时进行。

首先制作试验试件:4块孔隙率不同的沥青混凝土板(长×宽×高:30 cm×30 cm×5 cm)。试件采用相同的级配和油石比制作,这样可以保证除了孔隙率外其他参数的一致性。试件孔隙率主要通过往相同体积的车辙板容器中添加不同量的沥青混合料进行控制。

然后采集孔隙率所需数据。试件成型后,将每个试件人为分成4块区域,使用探地雷达对每个区域进行检测,最后通过反射系数法计算得到介电常数。分区域的目的是充分利用探地雷达进行数据采集,以避免试验的偶然性,同时为后续的拟合提供更多的试验数据。

介电常数计算过程如下:前文已确定探地雷达天线的最佳检测高度,试验时在最佳检测高度($5\lambda/4$)下,获取准确的数据。然后将获取的数据用 1 500~1 700 MHz 的滤波器进行滤波,滤波后可以得到反射波振幅 A_0,最后通过反射系数法计算得到介电常数。滤波过程示意图如图 2.2 所示。

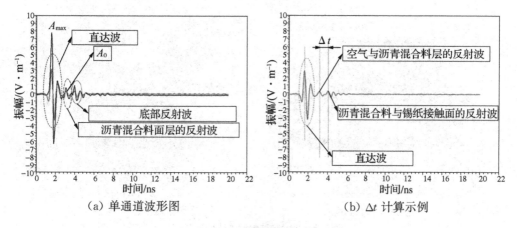

(a) 单通道波形图　　　　　(b) Δt 计算示例

图 2.2　滤波过程示意图

完成干燥状态下的数据采集后,进行不同含水率所需数据的采集。将试件浸泡于水中 24 h,使其开口孔隙充分吸水;然后取出试件,用锡箔纸将其包裹[图 2.3(a)],锡箔纸可以有效防止试件内部水分流失,同时在试件底部形成一个强反射波,这对于天线定位电磁波具有重要作用。随后分别在 4 个区域内进行含水情况下的雷达数据采集,然后计算介电常数,需要注意的是,这里的介电常数计算需要采用厚度反算法进行,即通过下式计算:

$$\varepsilon = \left(\frac{C \times \Delta t}{2 \times H}\right)^2 \tag{2.14}$$

式中:

H 是试件的高度;

C 是电磁波在真空中的速度;

Δt 是电磁波在路面中的传播时间,由图 2.2(b)得到。

在含水率检测过程中必须采用厚度反算法,因为水会在试件表面形成水膜,而水的介电常数较大,会形成强烈的反射,这将导致检测结果不准确。

在第一轮含水率数据采集完毕后,将试件晾置半小时,再进行下一轮雷达数据采集,这样做的目的是为后续拟合提供更多的数据点,因为在含水率发生改变的情况下,采集的介电常数也会发生变化。当然,本试验的目标不是控制含水量的具体值,只需确定含水量确实发生了改变。在每一次检测前,都需要根据含水率公式进行所需值的测量。

(a) 使用锡箔纸包裹试件　　　　　　(b) 探地雷达检测后钻芯

图 2.3　室内车辙版钻孔取芯测试

在所有数据点采集完毕后,将每个试件每个区域的孔隙率计算出来,按照如图 2.3(b)的方式进行取芯(芯样直径为 10 cm),取芯后对芯样进行孔隙率的测定。

这个试验不直接使用马歇尔试件进行检测,是因为马歇尔试件的表面积过小,电磁波容易在侧壁反射,从而影响天线接收反射波。

2) 孔隙率及含水率分析

在上一部分的孔隙率数据采集中,有 4 个试件,对每个试件 4 个区域进行了数据采集,每个区域用雷达检测 2 次,分别计算出介电常数并取平均值,所以总共采集了 16 个数据,如图 2.4 所示。

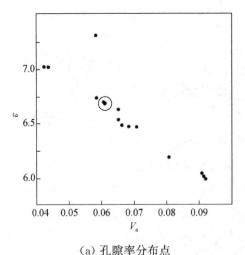

(a) 孔隙率分布点　　　　　　(b) 剔除明显误差后进行曲线拟合

图 2.4　孔隙率测试及拟合结果

［注:(a)图圈起来的是 3 个数据,剔除一个点后,(b)图是 15 个数据］

可以清楚地看到,在去除了一个明显的误差点后,试件的介电常数 ε 与孔隙率 V_a 呈明显的线性关系。随着孔隙率的增加,沥青和集料在试件中所占的体积减小,而沥青与集料的相对介电常数又大于空气,因此试件整体的介电常数降低。

最终得到的数据拟合公式为:

$$\varepsilon = 7.95 - 21.23 \times V_a (R^2 = 0.988\ 836\ 6) \tag{2.15}$$

本书使用密度椭圆对 V_w 和 $V_{(a-w)}$ 与介电常数的关系分别进行了分析,如图 2.5 所示。密度椭圆是通过对 V_w 或 $V_{(a-w)}$ 和 ε 变量的二元正态分布进行拟合得到的。二元正态密度是 V_w 或 $V_{(a-w)}$ 和 ε 变量的平均值、标准偏差以及它们之间的相关性的函数。

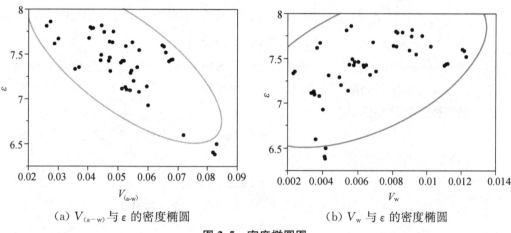

(a) $V_{(a-w)}$ 与 ε 的密度椭圆　　(b) V_w 与 ε 的密度椭圆

图 2.5　密度椭圆图

密度椭圆表示密度轮廓和置信曲线。作为置信曲线,它们表明在假定二元正态分布的情况下,预期数据的给定百分比位于何处。密度椭圆是两个变量之间相关性的良好图形指示器。当两个变量之间的相关性接近 1 或 −1 时,椭圆对角折叠。如果两个变量之间的相关性较低,则椭圆更接近圆形(较少对角定向)。该区域包含指定数据点的概率为 0.95,V_w 或 $V_{(a-w)}$ 与 ε 之间的相关系数分别为 0.527 364 和 −0.720 07。这说明,含水率 V_w 与剩余孔隙率 $V_{(a-w)}$ 与介电常数 ε 之间的关系较低,但是当我们把三者放在一个三维立体中时,发现这些数据点几乎位于同一平面内,如图 2.6 所示。可以用下式来对该平面进行描述:

$$\varepsilon = k_1 + k_2 \times V_{(a-w)} + k_3 \times V_w \tag{2.16}$$

式中:

k_1, k_2, k_3 均为系数。

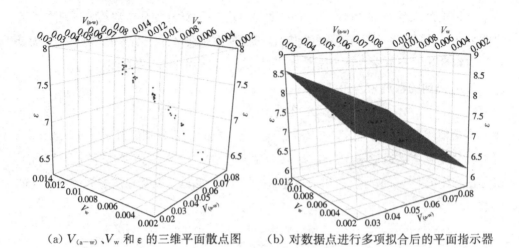

(a) $V_{(a-w)}$、V_w 和 ε 的三维平面散点图　　(b) 对数据点进行多项拟合后的平面指示器

图 2.6　密度数据三维展示

图 2.6(b)显示了用软件对数据点进行多项拟合后给出的一个平面指示器,模型的变量为含水率和剩余孔隙率,输出为介电常数。

最终得到的预测模型为:

$$\varepsilon = 8.00 - 23.21 \times V_{(a-w)} + 90.02 \times V_w \quad (R^2 = 0.989\,532) \tag{2.17}$$

当 $V_w = 0$ 时,公式变为:

$$\varepsilon = 8.00 - 23.21 \times V_a \tag{2.18}$$

这与公式(2.15)十分接近,也从侧面印证了结论的正确性。

2.2　基于 COMSOL 的探地雷达仿真

2.2.1　基于频域的探地雷达模拟

1) 模型设置

为了简明直观地模拟现实路面探地雷达检测病害的状况,本节采用二维平面单层路面单一均匀材料进行模拟实验,主要探究各因素对实际检测的影响。本节的路面几何尺寸设置为 1 m×1 m,若采用完美匹配层(Perfectly Matched Layer,PML),则在边界外增加 0.1 m 厚的 PML;若采用散射边界条件(Scattering Boundary Condition,SBC),则直接将路面边界设为 SBC。激励源采用背景场(散射场)进行激发,从上到下进行电磁场的激发,电场 E_0 的表达式为:

$$E_0 = (0, 0, e^{(i \times \text{emw}.k_0 \times y)}) \tag{2.19}$$

式中：

y 为 y 方向坐标；

$emw.k_0$ 为电磁波波数；

i 为 x 轴方向的单位向量。

网格按照电磁波波长进行自动划分。模型的研究方法为频域电磁波，以探究频域状态下电磁波的分布状况。

设置好模型后，将在频域下探讨模型的边界条件、电磁波波长对病害尺寸比值、病害形状、材料选择等因素的影响。

2) 边界选择

在探地雷达仿真中，首先需要解决的问题是边界的设置，选择正确的边界能最大程度地降低杂波对仿真的影响；探地雷达的后期滤波处理的主要目的也是滤除无关波。本节主要分析完美匹配层和散射边界条件对抑制杂波的影响。

完美匹配层：这是一种基于媒质的边界条件，其基本原理是形成一种吸收媒质并将其与外部连接；这种吸收媒质的特性如波阻抗，它跟雷达散射波的频率以及入射角都没有关系[45]。

散射边界条件：这也是一种吸收型边界条件，但是它的吸收条件有限制，只有当辐射波精确地沿法向方向入射到该吸收边界时，才不会产生反射。非法向方向入射到 SBC 边界上的辐射波都会产生一定的反射。

首先分析空气环境中金属边界的情况，以简化计算的复杂度。金属边界采用阻抗边界条件，该类边界条件能够有效屏蔽电磁场，它假定电流完全在表面上，因此不必再模拟模型金属域内任何部分的麦克斯韦方程组。所以，不必再对这些域的内部进行网格剖分，能显著减少计算工作量。

设置好模型各参数后，将其置于 1 GHz、2 GHz、3 GHz 的电磁波下进行计算，得到表面散射场的分布如图 2.7、图 2.8 所示。

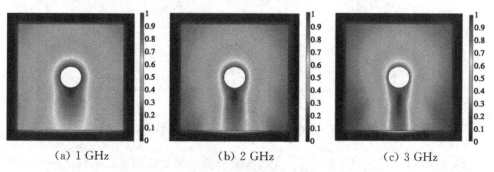

(a) 1 GHz　　　　(b) 2 GHz　　　　(c) 3 GHz

图 2.7　完美匹配层试样的表面散射场

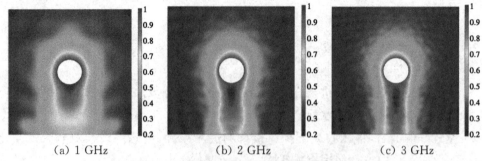

(a) 1 GHz　　　　　(b) 2 GHz　　　　　(c) 3 GHz

图 2.8　散射边界条件试样的表面散射场

从图 2.7、图 2.8 可以看出，散射边界条件试样的散射场中有许多明暗相间的点，而完美匹配层试样的散射场分布均匀。这种分布均匀性对雷达仿真有非常大的影响，因为雷达天线接收器接收的杂波会对目标波产生很大的影响，严重时会导致无法识别目标体。

为了探究散射场的具体分布状况，在 0～3 GHz 范围内对全域进行 abs(compl. emw. relEz)数据采集，即对归一化电场强度后的电场 Z 分量取模，得到图 2.9 完美匹配层和散射边界条件路面模型的数据分布。从图 2.9 中可以发现，以全域 abs(compl. emw. relEz)平均值对两种边界进行分析，发现在 1 GHz 以上，两种边界对仿真的影响几乎相同。这种相同主要是通过域探针分析得到的，是全域的平均值，这会掩盖波动对探测的影响，也导致在 1 GHz 以上，归一化电场强度后的电场 Z 分量模的域内平均值几乎相同。

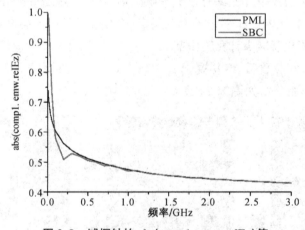

图 2.9　域探针的 abs(compl. emw. relEz)值

采用域点探针能分析域内某一点的各种分量。因此选用域点探针能更好地分析散射场的分布。为了保证选点的随机性,采用随机函数进行随机选点。在该随机点处添加域点探针,分析两种边界条件下域点探针的情况。

在 0.1~3 GHz 范围内,以 0.1 GHz 为间隔进行数据采集;在 0~0.1 GHz 范围内,以 0.001 GHz 为间隔进行数据采集。通过这种方式进行数据采集能最大限度地优化计算速度与计算精度之间的关系,最终得到如图 2.10 所示结果。从图 2.10 中可以发现,以 SBC 为边界时,域点探针反馈的值波动较大;以 PML 为边界时,域点探针反馈的值变化较为平滑,这就说明在域内随机一点处,虽然域内归一化电场强度后的电场 Z 分量模的总体平均值一样,但是归一化电场强度后的电场 Z 分量模的值不一样,以 SBC 为边界时,其值波动较大,以 PML 为边界时,其值变化较为平滑,这种平滑的特性能很好地抑制杂波。

综上,采用 PML 边界对于杂波的抑制具有更好的效果。

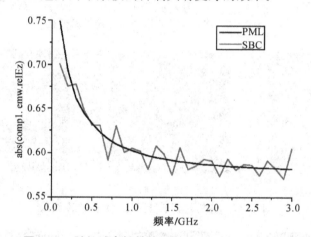

图 2.10 随机域点探针的 abs(comp1. emw. relEz)值

3) 波长与病害尺寸相对大小

在进行探地雷达病害检测中,一般需要将垂直分辨率作为分辨一个目标物的最低参考分辨率。垂直分辨率是垂直方向上可以分辨的最小距离。一般把波长的 1/4 作为其下限。本节探讨波长与病害尺寸之间的相对比例,以便更好地识别病害。

本节采用 PML 边界和空气介质,其他设置不变。只改变电磁波频率的大小以此改变电磁波的波长,从而达到控制波长与病害尺寸相对大小的目的。

检测对象为半径 10 cm 的圆形目标物,采用阻抗边界条件。与病害尺寸类似的波长为 20 cm,对应频率为 1.5 GHz;当天线中心频率为 500 MHz 时,波长为

60 cm,远大于病害尺寸;当天线中心频率为 7 GHz 时,波长约为 4.3 cm,远小于病害尺寸。因此本节把 500 MHz 和 7 GHz 作为模拟的频率上下限进行实验。

设置好模型后,将其置于 0.5 GHz 到 7 GHz 的频率范围,以 0.1 GHz 的递进频率进行仿真模拟,得到结果如图 2.11～图 2.13 所示。

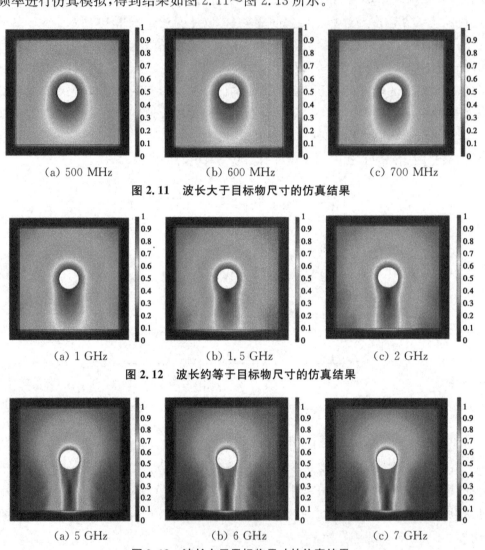

(a) 500 MHz　　　　　　(b) 600 MHz　　　　　　(c) 700 MHz

图 2.11　波长大于目标物尺寸的仿真结果

(a) 1 GHz　　　　　　(b) 1.5 GHz　　　　　　(c) 2 GHz

图 2.12　波长约等于目标物尺寸的仿真结果

(a) 5 GHz　　　　　　(b) 6 GHz　　　　　　(c) 7 GHz

图 2.13　波长小于目标物尺寸的仿真结果

通过设置域探针检测域内 abs(comp1.emw.relEz)的平均值和最大值,并计算两者的比值,得到结果如图 2.14 所示。

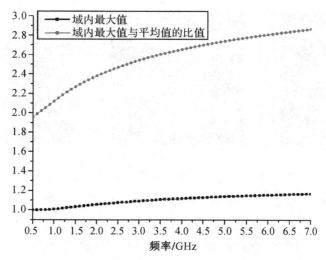

图 2.14 域内最大值及其与平均值的比值(圆形目标物)

可以发现,域内最大值和平均值的比值随着频率的增大而不断增大,域内最大值随着频率的增加缓慢地增大。这说明域内平均值的增速没有域内最大值的增速快。而域内最大值一般位于目标体周围,也就是说,随着频率的增大,目标体周围的反射波比域内整体的反射波更明显,因此也更容易被探测到。这符合频率越高,探测物体越清晰的规律。

4) 病害形状影响

本节探讨目标物形状对检测难度的影响。本节采用 PML 边界和空气介质,其他设置不变,目标物形状选择矩形,观察矩形目标物和上节试验的圆形目标物在不同频率的电磁波下散射场的区别,选取 0.5～3 GHz 的部分频率结果进行展示,如图 2.15 所示。

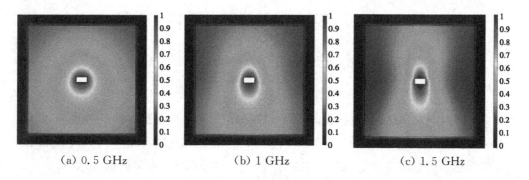

(a) 0.5 GHz (b) 1 GHz (c) 1.5 GHz

(d) 2 GHz   (e) 2.5 GHz   (f) 3 GHz

图 2.15　不同频率下矩形目标物的散射场仿真结果

与上节比较,从图中可以看出,矩形和圆形目标物在电场分布上有所不同。矩形目标物域内最大值与平均值的比值比圆形目标物物体更大,如图 2.16 所示。当频率为 0.5 GHz 时,其比值为 2.5 左右,而圆形目标物的比值低于 2.0,比值越大表明物体周围电场越明显。这说明在相同尺寸情况下,矩形物体比圆形目标物更容易被识别。

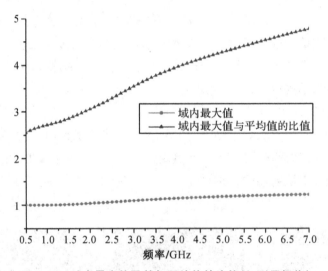

图 2.16　域内最大值及其与平均值的比值(矩形目标物)

5) 材料影响

本节探讨在二维真实混凝土条件下探地雷达对浅层埋置物探测的仿真情况。探测对象不再采用金属阻抗边界条件,浅层埋置物的填充物质主要考虑空气和水。这是根据实际情况考虑的:路面中的空洞在干燥时为空气,在降雨时充水。

首先进行域探针的设置,本节共设置 3 个域探针对仿真结果进行评估。全域、域1、域2的设置如图2.17所示。为了评价路面内的整体状况,所有域探针的探测值均设置为平均值。

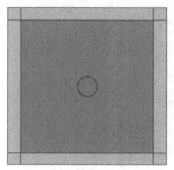 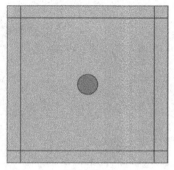 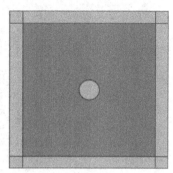

(a) 全域　　　　　　　　(b) 域1　　　　　　　　(c) 域2

图2.17　对浅层埋置物探测的仿真模型域探针设置

本节所用材料的各项参数如表2.4所示。

表2.4　对浅层埋置物探测的仿真模型材料参数

材料	位置	相对介电常数	相对磁导率	电导率/(S·m^{-1})
混凝土	域2	7.2	1	0.001
空气	域1	1	1	0
水	域1	81	1	1

(1) 空气

本仿真模拟的是路面脱空且脱空处为空气的情况,因此,设置域2的材料为混凝土,域1的材料为空气,同时,边界采用PML边界,入射电磁波的频率范围为0~3 GHz。仿真结果如图2.18所示。

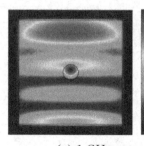 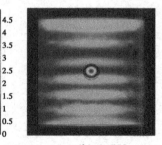 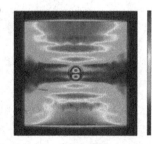

(a) 1 GHz　　　　　　　　(b) 2 GHz　　　　　　　　(c) 3 GHz

图2.18　脱空处为空气的散射场仿真结果

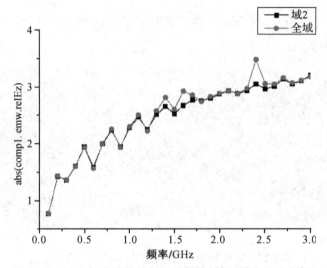

图 2.19　域 2 与全域的散射场反射波振幅(脱空处为空气)

全域与域 2 的差值，即全域相较于域 2 多出来的增量正是域 1 部分的值，增量越大，说明域 1 部分的散射场振幅越大，越容易被检测到。本模拟中脱空半径为 7.5 cm，正好是 1 GHz 电磁波波长的 1/4。从图 2.19 中可以看出在 1 GHz 之前，域 2 和全域散射的散射波振幅模并没有太大区别，在 1 GHz 之后，两者才开始分离，这也印证了在探测物体时，要注意物体尺寸与所用雷达天线中心频率之间的关系。

当域 1 的相对电场 Z 分量模值与域 2 的值有明显差别时，我们认为最容易检测到病害所在位置，因为从图中能方便地区分两种不同的能量状态。从图 2.20 中

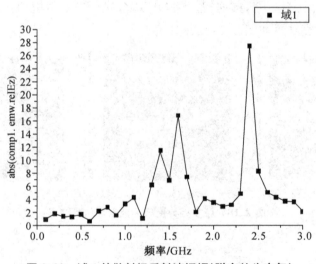

图 2.20　域 1 的散射场反射波振幅(脱空处为空气)

可以看出,在 2.4 GHz 时,域 1 的散射波振幅达到最大值,约为 28,这已经远远大于全域内平均值 3.5,即此时最容易对脱空病害进行识别。

(2) 水

本仿真模拟的是路面脱空且脱空处为水的情况,因此,设置域 2 的材料为混凝土,域 1 的材料为水,同时,边界采用 PML 边界。仿真结果如图 2.21、图 2.22 所示。

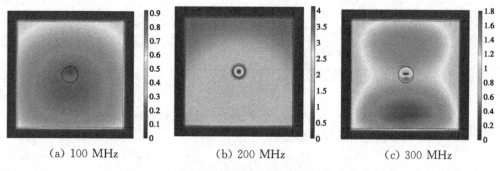

图 2.21 低频时脱空处为水的散射场仿真结果

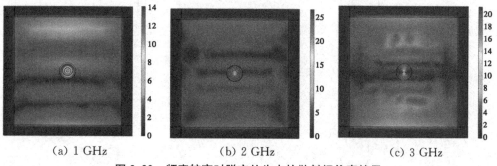

图 2.22 频率较高时脱空处为水的散射场仿真结果

由于水的介电常数比周围混凝土的介电常数大很多,因此,相比于空气,充水空洞更容易被识别。从图 2.23 中可以发现,从 300 MHz(0.3 GHz)开始,全域和域 2 的相对电场 Z 分量模值开始出现差异,由于全域和域 2 的面积较大,因此即使是细微的归一化电场强度后的电场 Z 分量差别也会导致显著的差异。例如,在域 1 中,400 MHz(0.4 GHz)时归一化电场强度后的电场 Z 分量模值已经达到 7.5 左右(图 2.24),远大于全域的 1.5 左右。因此,在 300 MHz(0.3 GHz)左右,已经能通过探地雷达进行含水空洞的识别。

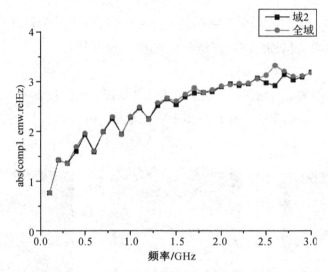

图 2.23 域 2 与全域的散射场反射波振幅（脱空处为水）

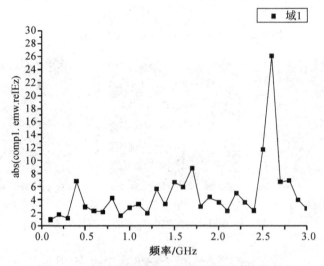

图 2.24 域 1 的散射场反射波振幅（脱空处为水）

从图 2.24 中可以看出，当频率为 2.6 GHz 时，域 1 的归一化电场强度后的电场 Z 分量模值与全域的比值达到最大（该比值可以从域 2 和全域的相对电场 Z 分量模值的差异中看出），此时对充水空洞检测能达到最好的效果。

2.2.2 孔隙与含水随机分布数值建模的蒙特卡洛法

进行模拟时，需要先建立模型。在进行路面建模时，大部分文献都选择将路面材料理想化为均质的、各向同性的。但是实际情况是，孔隙和含水孔隙在路面材料中的分布具有非常明显的随机性。因此,本节基于蒙特卡洛法研究孔隙和含水孔隙在有限元建模中的实现。

蒙特卡洛方法(Monte Carlo Method)是20世纪40年代中期提出的一种方法,它基于统计理论,通过特定的方法,把某种事件出现的频率近似估计为该随机事件发生的概率,并把结果作为具体问题的解[48]。

生成随机数最简单的办法是在0到1的区间内获得其均匀分布,在得到0到1区间内的随机数(Math.random)后,就能够通过变换,得到$[a,b]$区间内的均匀分布的随机变量。

$$X = a + (b-a) \times \text{Math.random} \quad (2.20)$$

因此,产生随机序列的前提是先产生最基本的随机变量。

在计算机上利用Math.random()函数进行随机数的生成,但这并不是真正的随机数。当使用计算机得到伪随机数时,如果使用的种子相同,那么得到的伪随机数的顺序也不变。虽然如此,但是得到的数列在均匀性和独立性等方面具有类似于随机数的统计特征。伪随机数可以用计算机大量生成,在模拟研究中,为了提高模拟效率,一般采用伪随机数代替真正的随机数。在模拟中,通常使用循环周期非常长的伪随机数,以此来保证模拟结果的随机性,因此这在本质上不会影响我们要解决的问题。

1) 路面孔隙的二维随机分布算法

考虑最简单的孔隙二维数值模型,假定孔隙均为圆形,每个孔隙的位置坐标为(h_x, h_y),半径为h_r。

(1) 利用Math.random()函数生成孔隙参数的随机数:

$$h_x = (2.0 \times \text{Math.random}() - 1.0) \times PW/2 \quad (2.21)$$

$$h_y = (2.0 \times \text{Math.random}() - 1.0) \times PL/2 \quad (2.22)$$

$$h_r = \text{Math.random}() \times (R_{max} - R_{min}) + R_{min} \quad (2.23)$$

式中:

PW 为路面宽度;

PL 为路面长度;

R_{max} 为设定的最大孔隙半径;

R_{min} 为设定的最小孔隙半径。

(2) 计算孔隙总面积。孔隙总面积是基于路面长宽和实验所需孔隙率确定的。

$$S_r = V_a \times PW \times PL \quad (2.24)$$

式中:

V_a 为孔隙率；

S_r 为孔隙总面积。

(3) 在路面内逐个生成满足条件的孔隙，并确保所有孔隙均位于路面内。首先，生成一个随机位置和随机半径；然后，判断基于该随机位置和随机半径的孔隙是否位于路面内部；若是，则将该孔隙面积计入 S_r'，对该孔隙进行建模，并将其纳入孔隙并集 Ω 中，若不是，则跳出该步，进行下一次循环；当累计的 $S_r' \geqslant S_r$ 时，结束整个程序。

(4) 输出所有指定孔隙的相关数据。

2) 路面孔隙和含水孔隙的二维随机分布算法

一般情况下，由于降雨和地下水的原因，路面部分孔隙会含水，而水的介电常数为81，远高于空气及路面材料的介电常数，因此，在实际数值模拟过程中，需要考虑水分的影响。

(1) 假设所有水分均存在于路面孔隙中，并且充满孔隙内部。

(2) 利用 Math. random() 函数生成含水孔隙参数的随机数：

$$L_x = (2.0 \times \text{Math. random}() - 1.0) \times PW/2 \quad (2.25)$$

$$L_y = (2.0 \times \text{Math. random}() - 1.0) \times PL/2 \quad (2.26)$$

$$L_r = \text{Math. random}() \times (W_{\max} - W_{\min}) + W_{\min} \quad (2.27)$$

式中：

PW 为路面宽度；

PL 为路面长度；

$W_{\max}$ 为设定的最大含水孔隙半径；

$W_{\min}$ 为设定的最小含水孔隙半径。

(3) 计算含水总量。含水总量是基于路面长宽和实验所需含水率确定的。

$$W = V_w \times PW \times PL \quad (2.28)$$

式中：

V_w 为含水率；

W 为含水总量。

(4) 在路面内逐个生成满足条件的含水孔隙，并确保所有含水孔隙均位于在路面内。首先，生成一个随机位置和随机半径；然后，判断基于该随机位置和随机半径的含水孔隙是否位于路面内部；若是，则将该孔隙面积计入 W'，对该含水孔隙进行建模，并将其纳入含水孔隙并集 Ψ 中，若不是，则跳出该步，进行下一次循环；当累计的 $W' \geqslant W$ 时，结束整个程序。

(5) 依据上一节所述的路面孔隙二维随机分布算法生成路面随机孔隙。

(6) 输出所有指定孔隙的相关数据。

3) 数值模型在 COMSOL 中的实现

根据上节所述算法简明地表明,形成路面孔隙生成过程的具体流程图,如图 2.25 所示。

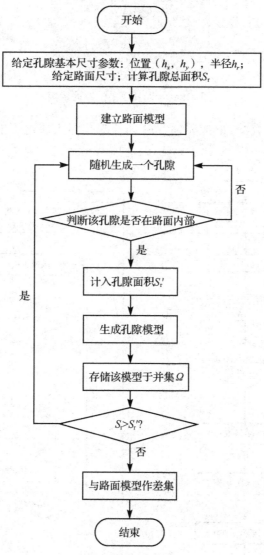

图 2.25 路面孔隙生成过程

根据上述流程,随机选择一个模型进行展示:孔隙率为 4%,孔隙半径范围为

0.05~0.5 cm 的随机孔隙路面(1 m×1 m)的建模结果如图 2.26 所示。

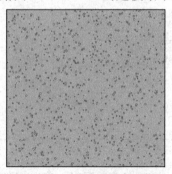

图 2.26　4%孔隙率的路面建模

根据上节所述算法，形成路面孔隙和含水孔隙生成过程的具体流程图，如图 2.27 所示。

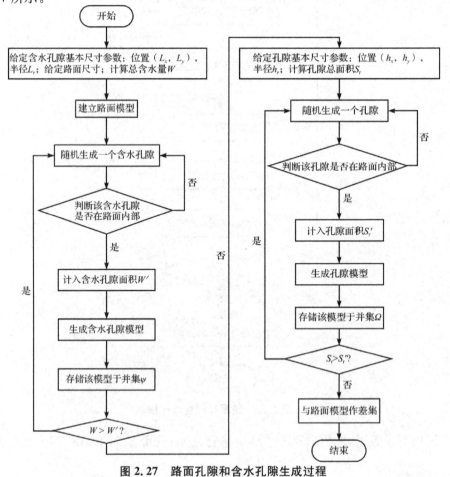

图 2.27　路面孔隙和含水孔隙生成过程

基于孔隙和含水孔隙随机分布的数值模型(1 m×1 m)如图 2.28 所示(2%随机含水孔隙和 6%随机空气孔隙,孔隙半径范围为 0.5~2 cm)。

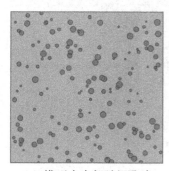 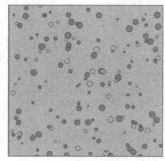 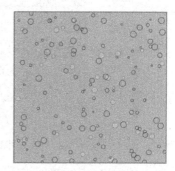

(a) 模型内全部随机孔隙　　(b) 材料为空气的随机孔隙部分　　(c) 材料为水的随机孔隙部分

图 2.28　2%随机含水孔隙+6%随机空气孔隙的路面建模

2.2.3　基于随机孔隙的有限元模拟

1) 模型设置

本节主要研究路面中随机孔隙对雷达检测结果的影响,分析不同频率的电磁波下孔隙率、孔隙的最大半径以及孔隙含水对模型的影响。

模型中的材料属性和几何设置在已本章前几节中说明。在前文的基础上,在模型周围设置一层 PML 边界防止电磁波反射。为了模拟路面干燥状态下的情况,将所有随机孔隙的材料设置为空气,将剩余部分材料设置为混凝土,如图 2.29 所示。

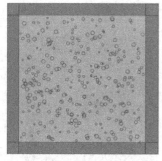  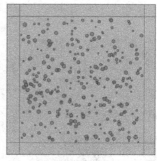

(a) PML　　　　　　　(b) 混凝土　　　　　　　(c) 空气

图 2.29　随机孔隙模型材料设置

为了对仿真结果进行定量说明,需要在不同区域采集散射波振幅值,域探针选择采集区域内的平均值,域探针的设置区域如图 2.30 所示。

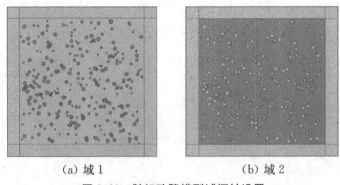

(a) 域1　　　　　　　　(b) 域2

图 2.30　随机孔隙模型域探针设置

2) 孔隙率对病害检测的影响分析

本节采用 8% 和 10% 孔隙率进行分析。孔隙的半径范围为 0.05~0.5 cm。将模型置于 1~3 GHz 的电磁波下进行仿真，得到结果如图 2.31、图 2.32 所示。

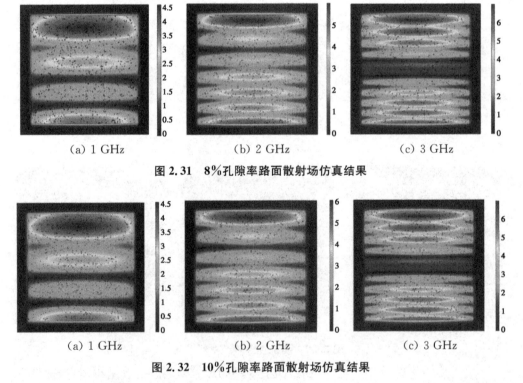

(a) 1 GHz　　　　　　(b) 2 GHz　　　　　　(c) 3 GHz

图 2.31　8% 孔隙率路面散射场仿真结果

(a) 1 GHz　　　　　　(b) 2 GHz　　　　　　(c) 3 GHz

图 2.32　10% 孔隙率路面散射场仿真结果

从图 2.31 和图 2.32 中可以看出，对于 8% 和 10% 孔隙率，在不同电磁波频率下，两者的散射场差异不大。

将域探针在两种孔隙占比情况下的结果绘制成图 2.33,发现域 1 和域 2 的散射场振幅平均值的差异随频率变化不大,在 3 GHz 频率下,域 1 和域 2 的探测值差值分别为 0.04(8%孔隙率)和 0.1(10%孔隙率)。随着孔隙率的增加,探针接收到的数值不断增加,这表明探针接收到的信号不断增强;同时不同域接收到的散射场幅值平均值差值也在逐渐增大,但增大的数值比较小。这表明域 1 和域 2 反馈的信号强度差值不断扩大,即孔隙区域对整个检测的影响越来越大,但是整体上差别并没有特别明显。

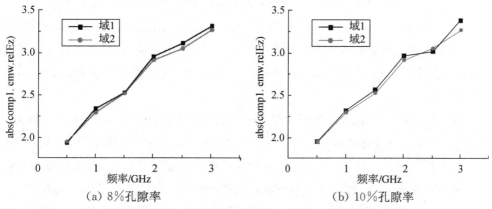

图 2.33 8%和 10%孔隙率路面域探针的散射场反射波幅值

3) 最大孔隙半径对于检测的影响

本节孔隙占比选择 10%,最大孔隙半径分别选择 1.5 cm 和 2 cm,最小半径选择 0.5 cm,仿真结果如图 2.34、图 2.35 所示。

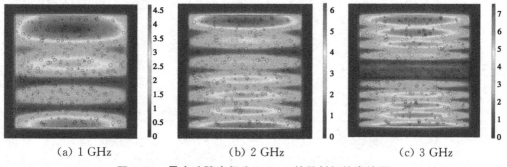

图 2.34 最大孔隙半径为 1.5 cm 的散射场仿真结果

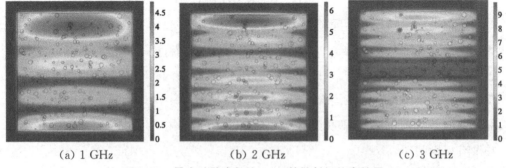

图 2.35 最大孔隙半径为 2 cm 的散射场仿真结果

从图 2.34(c)和图 2.35(c)中可以发现,反射波在孔隙中有明显的集中(表现为红色区域在孔隙中的集中),孔隙外部(域 1 外部)的反射波振幅在最大半径为 2 cm 时,明显比孔隙内部小,而当半径为 1.5 cm 时,域 2 内的高振幅反射仍占较大比例。

将域探针在两种最大孔隙半径情况下的结果绘制成图 2.36,发现域 1 和域 2 的散射场振幅平均值的差异随着频率增大而不断增大,在中心频率为 3 GHz 时变得很大。随着最大孔隙半径的增加,探针接收到的数值不断增大,这表明探针接收到的信号不断增强;同时,不同域接收到的散射场幅值平均值差值也在逐渐增大,且增大的数值较大;在 3 GHz 频率下,域 1 和域 2 的探测值差值分别为 0.007 7 和 0.29。这表明从域 1 和域 2 反馈得到的信号强度差值在不断扩大,即最大孔隙半径的大小对探地雷达检测有重大的影响。

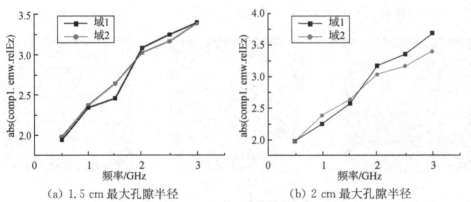

图 2.36 在 1.5 cm 和 2 cm 最大孔隙半径情况下域探针的散射场反射波幅值

4) 随机含水孔隙分析

该模型的材料设置如图 2.37 所示,将所有孔隙外的材料设置为混凝土,总孔隙率为 8%。孔隙由两部分组成：6% 的随机空气孔隙，2% 的随机含水孔隙，以模拟含水孔隙。

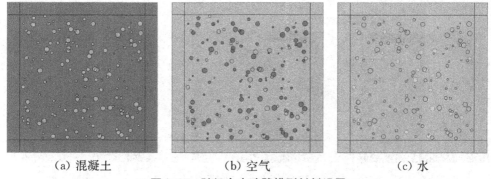

(a) 混凝土　　　　　(b) 空气　　　　　(c) 水

图 2.37　随机含水孔隙模型材料设置

为了量化结果，需要对不同区域进行数据采集，本模型所需采集的区域共分为 4 块，域 1 采集全部孔隙的散射场数据，域 2 采集孔隙以外的散射场数据，域 3 采集空气域的散射场数据，域 4 采集含水域的散射场数据，所有域探针均采集平均值。域探针设置如图 2.38 所示。

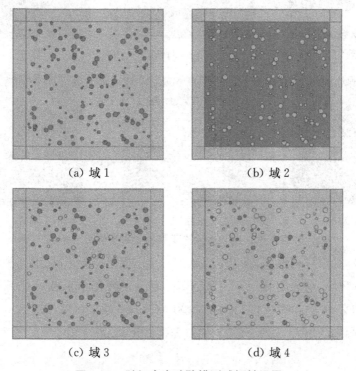

(a) 域 1　　　　　　　　(b) 域 2

(c) 域 3　　　　　　　　(d) 域 4

图 2.38　随机含水孔隙模型域探针设置

由于水的介电常数非常高,因此很容易在低频时就出现较强的反射现象,因此,本节采集了 0.1 GHz 到 3 GHz 的数据,每隔 0.1 GHz 进行一个数据采集,部分仿真结果如图 2.39 所示。

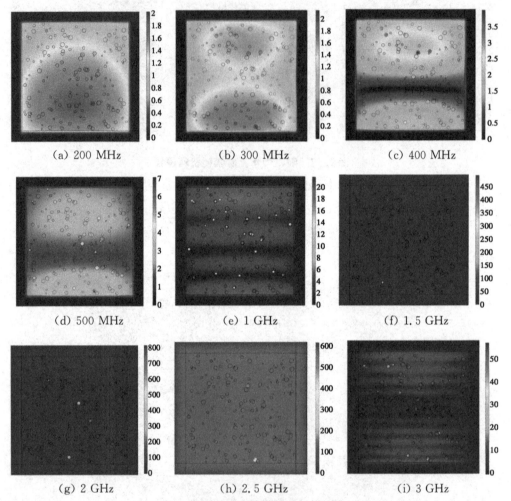

图 2.39 随机含水孔隙模型散射场仿真结果

从图 2.39 中可以发现,在背景场频率达到 400 MHz 时,含水孔隙已经能明显区分于周围环境,这表明从 400 MHz 开始,域 4 的反射波振幅已经高于全域的平均值。从图 2.40 也可以发现,大约在 400 MHz 时,域 4 的值和域 2 的值开始出现分离,随着频率的增大,域 4 和域 1 的差异也变得明显。

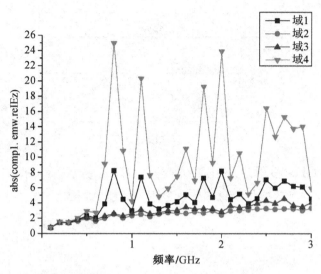

图 2.40 随机含水模型各个域的探针值

2.2.4 瞬态下路面病害位置和半径的探测难易程度研究

对探地雷达检测进行瞬态研究,主要是为了明确电磁波在路面内的传播过程,同时探讨瞬态下路面内病害检测的难易程度。

通过对实际路面情况的分析,为了更贴近实际路面面层的情况,最终确定采用较为普遍使用的路面三层结构:第 1 层采用 AC-13 级配,厚度为 4 cm;第 2 层采用 AC-20 级配,厚度为 6 cm;第 3 层采用 AC-25 级配,厚度为 8 cm。路面宽度选择为 40 cm,使其远大于病害尺寸,以减少因尺寸问题导致的检测误差。路面各混凝土层假设为均匀材料。

本书使用 COMSOL 中的射频模块,采用瞬态研究,每个模型中病害的参数(半径和深度)设置如表 2.5 所示,模型如图 2.41 所示。

表 2.5 瞬态研究模型几何参数

层位	第 1 层			第 2 层			第 3 层		
深度(距顶部)/cm	2			7			14		
半径/cm	0.5	1	1.5	0.5	1	1.5	0.5	1	1.5

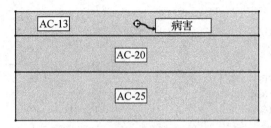

图 2.41　瞬态研究几何模型

电磁波(2 GHz)发射源采用波形如公式(2.29)所示,在函数中加入了汉宁窗(一种窗函数),以有效减少电磁波传播过程中的能量损失。

$$V(t)=\begin{cases}10\times 0.5\left(1-\cos\left(2\pi f\times\dfrac{t}{n}\right)\right)\times\sin(2\pi ft) & 0\leqslant t\leqslant 2\\ 0 & 2<t\leqslant 20\end{cases} \quad (2.29)$$

式中:

f 为激发电场的频率;

n 为汉宁窗的参数,这里 $n=4$;

$V(t)$ 为电场强度。

入射波波形如图 2.42 所示。

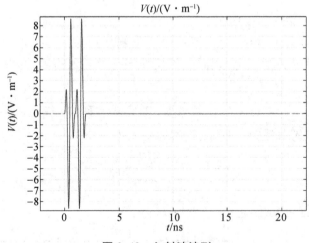

图 2.42　入射波波形

影响模型最重要的参数相对介电常数,由复合介电模型计算得到,本节涉及的计算公式如下:

$$\varepsilon_c = V_a\sqrt{\varepsilon_a} + V_s\sqrt{\varepsilon_s} + V_b\sqrt{\varepsilon_b} + V_w\sqrt{\varepsilon_w} \tag{2.30}$$

式中：

ε_c、ε_a、ε_s、ε_b、ε_w 分别为混凝土、空气(1)、石料(一般为 5.5)、沥青(一般为 2.4)、水(81)的相对介电常数；

V_a、V_s、V_b、V_w 分别为空气、石料、沥青、水的体积占比。

为了能更准确地模拟路面状况，路面材料最重要的影响因素介电常数，通过混合料的介电常数模型计算得到。模型材料的具体参数如表 2.6 所示。

表 2.6 瞬态研究模型材料参数

材料	相对介电常数	相对磁导率	电导率/(S·m^{-1})
AC-13	7.1	1	0.001
AC-20	6.2	1	0.001
AC-25	6.0	1	0.001
空气	1	1	0

为了检测电磁波在路面各点处的振幅，在模型上设置了不同位置的域点探针。探针 1 用于检测初始电磁波振幅，探针 2 用于检测电磁波到达病害处时的振幅，探针 3 用于检测与病害同高度处的电磁波振幅，探针编号及位置如表 2.7 所示。

表 2.7 瞬态研究模型探针编号及位置

探针编号	位置
探针 1	$Y=2$ cm, $x=0$ cm
探针 2	$Y=$ 空洞顶部同高度处, $x=0$ cm
探针 3	$Y=$ 空洞顶部同高度处, $x=5$ cm

1) 电磁波在路面内的传播

这里以其中一个模型为例(病害深度 2 cm，半径 0.5 cm，路面宽度 40 cm，路面深度 20 cm)。普通双向二车道的横断面宽度一般在 15 m 左右，由计算可知，0.5 cm 半径的病害相对于 40 cm 宽的路面模型，相当于在普通双向二车道中半径为 18.75 cm 的病害。

如图 2.43 所示，电磁波在 0.12 ns 时刚好达到脱空处，随即产生了一个反射波，这明路面内孔隙对电磁波传播有很大的影响；在 0.24 ns 时，反射波到达了路面顶部，此时路面内部信息可以通过天线接收器探测到；在 2.01 ns 时，电磁波通过路面。

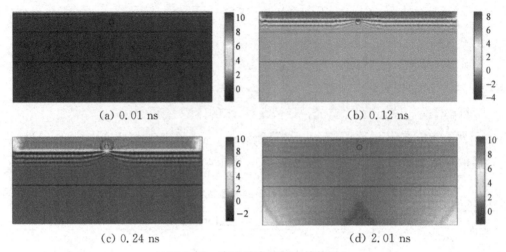

图 2.43 电磁波在路面内的传播

2) 病害识别的难易程度

判断路面内病害探测的难易程度基于以下两个因素：

(1) 病害处反射波的能量大小；

(2) 有病害位置反射的波振幅与相同深度处其他无病害位置反射的波振幅比值大小。

当病害位于第 1 层，半径为 0.5 cm 时，得到的探针图像如图 2.44 所示。采集探针 1、探针 2 和探针 3 的最大振幅、对应的时间以及探针 3 与探针 2 的振幅比值，如表 2.8 所示。

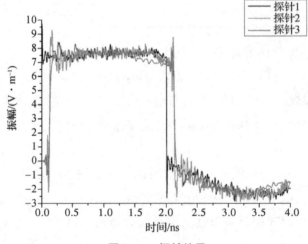

图 2.44 探针结果

表 2.8　不同模型中探针检测的结果

深度/cm	半径/cm	探针 1 振幅/$(V \cdot m^{-1})$	时间/$(ns \times 10^{-3})$	探针 2 振幅/$(V \cdot m^{-1})$	时间/$(ns \times 10^{-3})$	探针 3 振幅/$(V \cdot m^{-1})$	时间/$(ns \times 10^{-3})$	探针 3 与探针 2 的振幅比值
2	0.5	9.7250	0.007	9.2943	0.167	6.9789	0.167	0.750880
2	1.0	10.2080	0.007	9.8842	0.121	6.9480	0.121	0.702940
2	1.5	10.2330	0.005	10.1470	0.065	6.7810	0.065	0.668276
7	0.5	9.5187	0.012	8.4482	0.615	7.9084	0.615	0.936105
7	1.0	9.5068	0.012	9.7494	0.556	7.3462	0.556	0.753503
7	1.5	9.4966	0.012	9.9043	0.531	7.6084	0.531	0.768192
14	0.5	9.5520	0.013	8.4175	1.179	7.4649	1.179	0.886831
14	1.0	9.5520	0.013	9.0380	1.130	7.1703	1.130	0.793350
14	1.5	9.5520	0.013	9.5927	1.105	6.8816	1.105	0.717379

一般认为,脱空处反射的能量越大越容易被人眼识别,而振幅大小与能量呈正相关。因此,被探针探测到的振幅越大,病害越容易被识别。下面对不同层位、不同半径脱空处的反射能量大小进行比较,如图 2.45、图 2.46 所示。

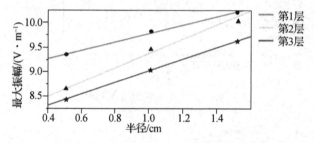

图 2.45　病害顶部的电磁波最大振幅

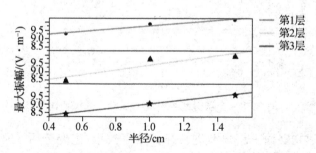

图 2.46　分层分析病害顶部的电磁波最大振幅

从图 2.45 和图 2.46 中可以看到,相同层位、不同半径下,半径越大,振幅越大,能量越高,越容易被识别。相同半径、不同层位下,层位越接近电磁波发射源,振幅越大,这说明层位越浅(第1层最浅),越容易被识别。

探针 2 和探针 3 处在相同深度(相同 Y 轴),但处在不同的位置:探针 2 位于病害上,探针 3 位于均质材料处。如果两者振幅存在很大的差异,这说明病害很容易被识别。将探针 2 到达脱空时的振幅和此时探针 3 的振幅进行比较,两者振幅差异越大,越容易区分。由于在探针 2 处空气脱空会产生反射,因此探针 2 处的振幅一般大于同一时刻探针 3 处的振幅,探针 3 与探针 2 的振幅比值越小,说明病害越容易被识别。

如图 2.47 和图 2.48 所示,当位于同一层时,半径越大,探针 3 与探针 2 的振幅比值越小,这说明大半径的病害更容易被识别。此外,当半径相同时,层位越浅,探针 3 与探针 2 的振幅比值越小,这说明越容易被识别。这与上面所述结论一致。

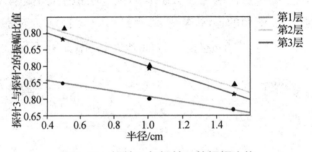

图 2.47　探针 3 与探针 2 的振幅比值

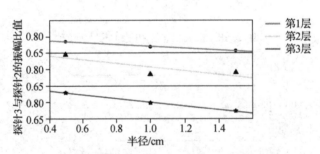

图 2.48　分层分析探针 3 与探针 2 的振幅比值

本节通过建立路面三层模型进行路面病害模拟,主要分析了病害条件下路面内电磁波的传播过程。同时对不同层位和不同半径的脱空病害的雷达检测难易程度进行了区分,发现脱空病害越接近发射源,病害体积越大,越容易被识别。

2.3 本章小结

本章主要介绍了电磁波传播机制及其影响因素,研究了电磁波在沥青混凝土和水泥稳定碎石多物理介质中的传播机制与衰减规律,分析了电磁波频率、介电常数、含水率、孔隙率等因素对电磁波传播的影响;并基于有限元软件 COMSOL 在频域和瞬态下分别对探地雷达检测路面进行仿真模拟,明确了探地雷达检测参数的最佳范围,奠定了探地雷达精准无损检测的基础理论。主要结论如下:

(1) 雷达检测中最容易检测到的是病害尺寸大于电磁波波长的物体,病害尺寸小于电磁波波长的物体很难被检测到。

(2) 目标的材料对雷达检测的影响很大;水的介电常数非常大,即使在低频电磁波下,含水孔隙也能很容易地被检测到。

(3) 当孔隙率不是很高时,孔隙率的变化对整体检测结果影响不大;而孔隙中的最大孔隙对雷达检测结果有很大的影响,最大孔隙越大,越容易干扰雷达检测。

(4) 病害在路面内的半径大小和埋置深度都对检测精度有影响,一般来说,病害半径越大、埋置深度越浅,检测越容易、精度越高。

第三章
沥青路面半刚性基层病害精准智能识别

3.1 基于 gprMax 的路基路面病害特征研究

3.1.1 路基路面病害二维模拟

为了系统地研究探地雷达在道路病害检测中的应用,本节通过基于时域有限差分法的模拟软件 gprMax,建立道路结构病害模型,分析不同频率对病害检测效果的影响,为实际应用中参数设置及数据处理提供参考。同时,研究不同类型和不同尺寸的路基路面病害的正演规律,并总结路基路面病害的典型特征。

1) 模型参数设置

路基路面结构的二维模型尺寸为 2.0 m×2.0 m×0.002 m。其中,考虑到病害主要发生在道路结构的浅层中,路基路面结构层的总厚度设置为 1.2 m,各层依次为 18 cm 沥青混凝土面层(下文简称"面层")、40 cm 水泥稳定基层(下文简称"基层")、20 cm 水泥稳定底基层(下文简称"底基层")和 42 cm 土基。雷达激励源位于面层表面,其上部自由空间为 80 cm 的空气层,可减少电磁波对检测的干扰。检测断面的距离设置为 2.0 m。根据 gprMax 中二维模型的计算收敛要求,宽度方向的尺寸至少为一个空间步长,本节取为 0.002 m。二维模型结构和几何参数分别如图 3.1 和表 3.1 所示。

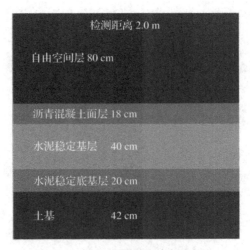

图 3.1 二维模型结构示意图

表 3.1　二维模型几何参数

结构层	厚度/m
面层	0.18
基层	0.40
底基层	0.20
土基	0.42

注：检测距离为 2.0 m，宽度方向尺寸为 0.002 m。

根据道路材料常见的介电参数范围，二维模型材料参数的选取如表 3.2 所示。其中，土基的含水率为 18%；模型四周均采用完美匹配层(PML)，厚度为 2 cm。结合主流探地雷达及天线的频率范围，激励源为雷克子波(Ricker wavelet)，其中心频率范围为 0.2~3 GHz，具体的计算参数如表 3.3 所示。

表 3.2　二维模型材料参数

结构层	相对介电常数	电导率/(S·m^{-1})	相对磁导率	磁损耗	边界条件
面层	6	0.005	1	0	四周均采用完美匹配层(PML)，边界厚度均为 2 cm
基层	12	0.005	1	0	
底基层	8.74	0.005	1	0	
土基	12	0.010	1	0	

表 3.3　二维模型计算参数

参数名称	参数值
激励源类型	Ricker
中心频率	0.2~3 GHz
时间步长	0.004 ns
时窗	40 ns
模型大小	2.0 m×2.0 m
空间步长	0.002 m

2) 频率选择

结合前面章节的研究，频率是影响电磁波传播衰减和检测效果的重要参数之一。本节选取 0.3 GHz、0.6 GHz、0.9 GHz、1.2 GHz、1.6 GHz、2.0 GHz 和 3.0 GHz 共七种频率，分别针对裂缝、脱空和空洞三种典型病害进行分析，以确定合适的检测频率范围。

在展开分析前，针对无病害的路基路面模型，本节从单通道波形图和多通道成像图两方面对模拟结果进行具体解释，以便于后续模拟结果的对比和分析。如图 3.2(a) 和 3.2(b) 所示，单通道波形图中电场强度振幅对应的波峰波谷与道路结构层的分界面基本吻合。当电磁波传播到两个结构层的分界面时,由于介电参数的差异,电磁波会出现不同程度的反射现象,因此,可以通过单通道波形图中电场强度的波峰波谷反演出各结构层的大致厚度。

图 3.2(c)展示了道路结构的多通道成像图,其通道数为 200,即由 200 个单通道波形图组成。结合三维探地雷达的三维视图可知,该多通道成像图等效于块扫描(B-Scan)图像,即沿着检测方向的断面图。不难看出,多通道成像图所呈现的道路结构与道路模型示意图基本一致,结构层之间存在较为清晰的分界线,这些分界线正是由单通道波形图中电场强度的波峰波谷组成的。

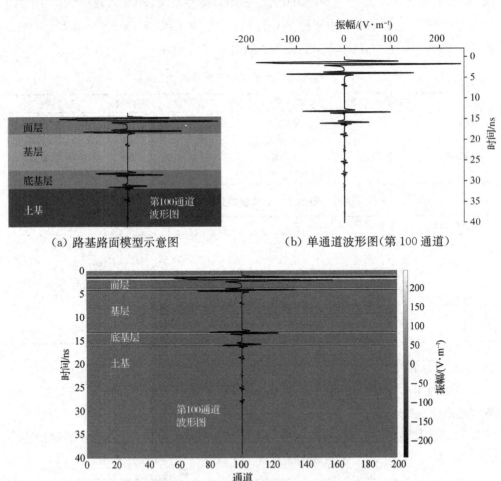

(a) 路基路面模型示意图　　(b) 单通道波形图(第 100 通道)

(c) 多通道成像图(通道数=200)

图 3.2　无病害的路基路面模型的模拟结果

在半刚性基层沥青路面中,裂缝病害较为普遍,通常从基层或底基层向面层发展。图3.3展示了裂缝病害的模拟示意图,裂缝主要位于土基上部的结构层,长度为0.6 m,宽度为0.004 m。如图3.4所示,随着电磁波中心频率的增大,多通道成像图的清晰度提高,主要是由于频率升高导致波长变小,分辨率提高,体现在两方面:一是道路结构层间的界线宽度逐渐变细;二是裂缝病害所呈现的双曲线特征逐渐清晰,双曲线分别位于裂缝的上下两端。不难发现,当频率为0.3 GHz时,多通道成像图较为模糊,结构层的界线宽度较大,且几乎没有呈现双曲线的反射特征;当频率处于1.2~2.0 GHz范围时,多通道成像图较为清晰,结构层的界线宽度较小且稳定,裂缝上下两端对应的双曲线反射特征较为明显。同时,单通道波形图中的最大振幅随着频率的升高逐渐减小,振幅降低速度也减小,这主要是由于频率升高导致能量衰减所致。此外,由于频率的升高,波动周期缩短,因而,振幅相邻波峰波谷的时间间隔也有所减小。

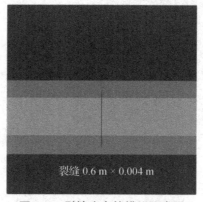

图3.3 裂缝病害的模拟示意图

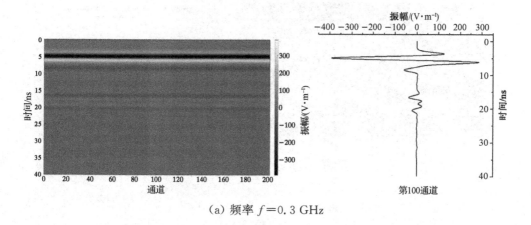

(a) 频率 $f=0.3$ GHz

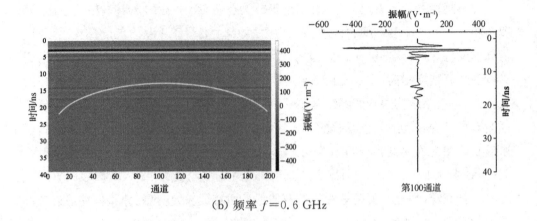

(b) 频率 $f=0.6$ GHz

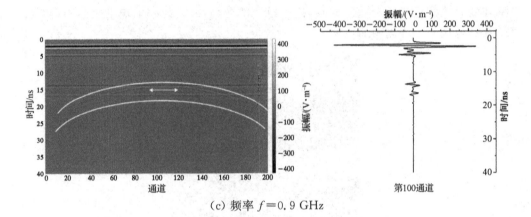

(c) 频率 $f=0.9$ GHz

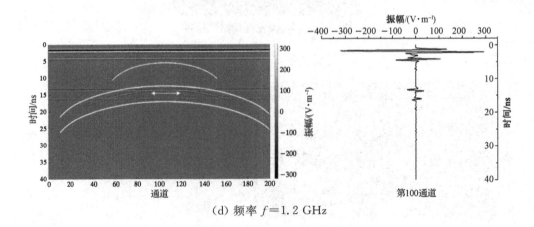

(d) 频率 $f=1.2$ GHz

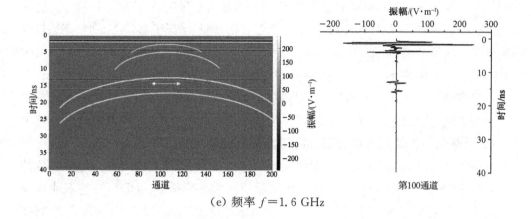

(e) 频率 $f=1.6$ GHz

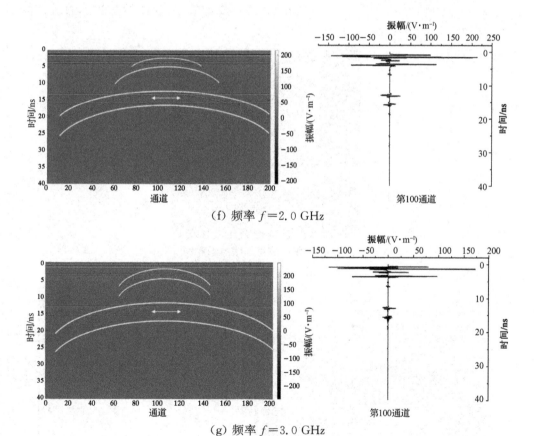

(f) 频率 $f=2.0$ GHz

(g) 频率 $f=3.0$ GHz

图 3.4 七种频率下裂缝病害的模拟结果

尽管高频率具有高分辨率的优势,但并不意味着频率越高,检测效果越好。这一规律已在超声波实际检测中得到验证。不难看出,当频率低于 1.2 GHz 时,多通道成像图较为模糊;当频率高于 2 GHz 时,多通道成像图有所失真,频率偏高产生的细微噪声干扰了正常的反射波。因此,建议检测频率的适宜范围为 1~2 GHz。

脱空病害常发生在相邻结构层间,如图 3.5 所示,在模型中,脱空位于底基层与土基之间,长度为 0.1 m,宽度为 0.03 m。如图 3.6 所示,随着电磁波中心频率的增大,多通道成像图与单通道波形图的变化规律均与裂缝相同。脱空也呈现类似双曲线的特征,但仅存在一条双曲线,位于脱空所在的底基层底部。值得注意的是,当频率超过 0.9 GHz 时,双曲线的反射特征才逐渐明晰。同时,脱空双曲线顶端的水平距离明显大于裂缝双曲线顶端的水平距离,这主要是由于脱空的宽度(0.03 m)远大于裂缝的宽度(0.004 m)。结合成像效果,建议检测频率的适宜范围同样为 1~2 GHz。

图 3.5 脱空病害的模拟示意图

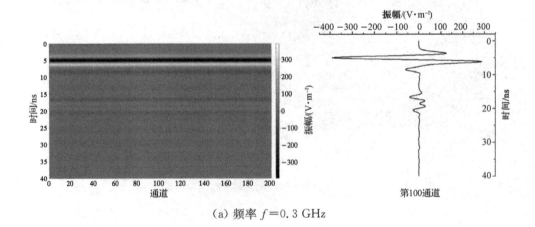

(a) 频率 $f = 0.3$ GHz

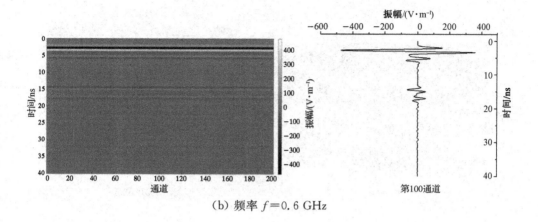

(b) 频率 $f=0.6$ GHz

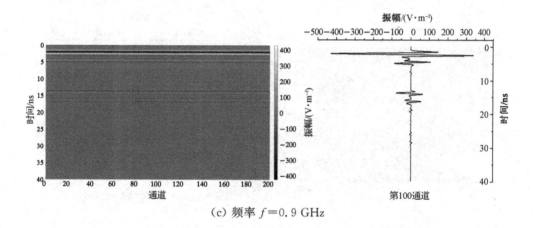

(c) 频率 $f=0.9$ GHz

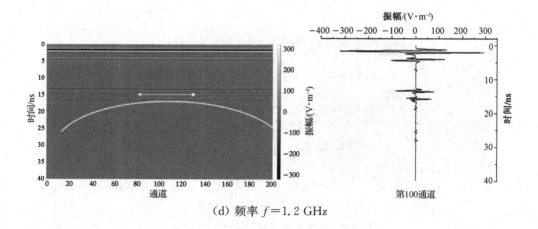

(d) 频率 $f=1.2$ GHz

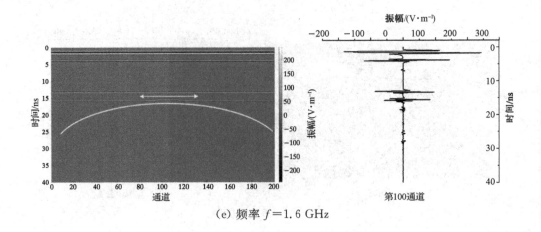

(e) 频率 $f=1.6$ GHz

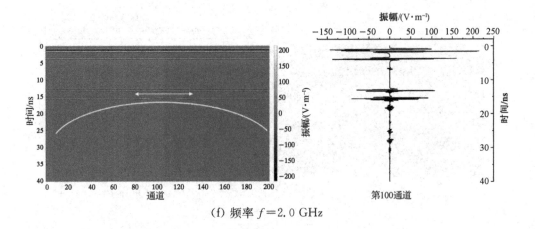

(f) 频率 $f=2.0$ GHz

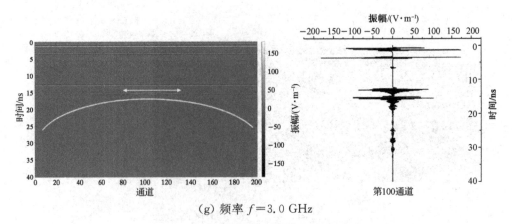

(g) 频率 $f=3.0$ GHz

图 3.6　七种频率下脱空病害的模拟结果

空洞尺寸通常较大,常发生在土基等结构层。如图 3.7 所示,在模型中,空洞位于土基中,长度和宽度均为 0.15 m。如图 3.8 所示,随着电磁波中心频率的增大,多通道成像图与单通道波形图的变化规律均与裂缝、脱空相似。空洞也呈现类似双曲线的特征,存在一条位于土基中的双曲线,但该双曲线顶端的水平距离大于脱空双曲线顶端的水平距离,这主要是由于空洞的宽度(0.15 m)大于脱空的宽度(0.03 m)。值得注意的是,空洞与脱空在双曲线顶端水平距离的差异远小于脱空与裂缝的差异,这可能是由于电磁波与病害接触面积超出一定范围后,反射波波形的差异不再显著。综合成像效果,建议检测频率的适宜范围同样为 1~2 GHz。

综合裂缝、脱空和空洞三种病害的模拟结果可见,适宜的检测频率范围为 1~2 GHz,本节选取 1.6 GHz 作为检测频率。

图 3.7 空洞病害的模拟示意图

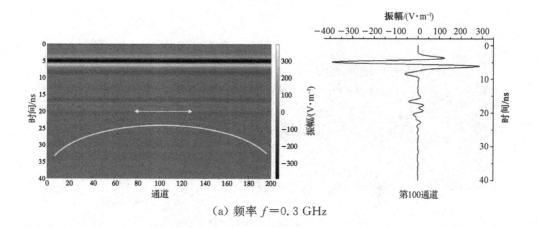

(a) 频率 $f = 0.3$ GHz

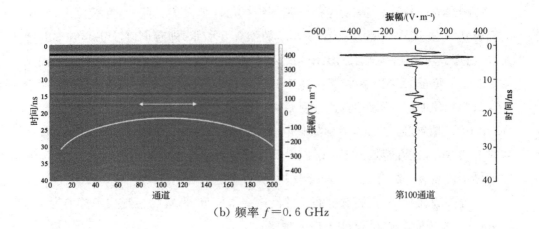

(b) 频率 $f=0.6$ GHz

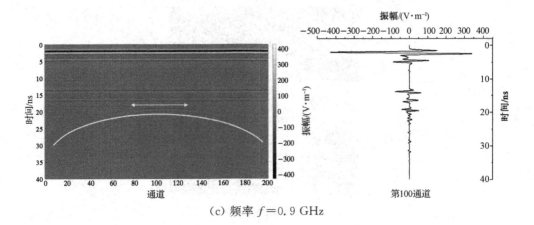

(c) 频率 $f=0.9$ GHz

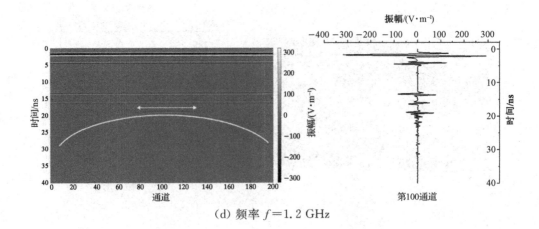

(d) 频率 $f=1.2$ GHz

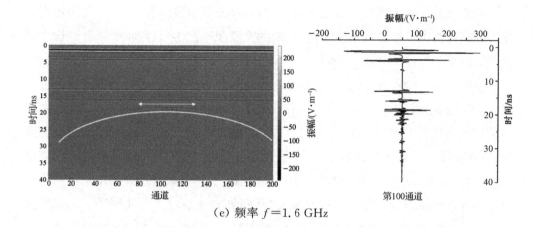

(e) 频率 $f=1.6$ GHz

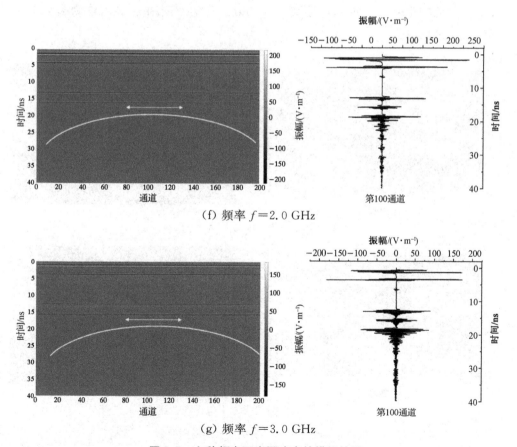

(f) 频率 $f=2.0$ GHz

(g) 频率 $f=3.0$ GHz

图 3.8 七种频率下空洞病害的模拟结果

3) 裂缝

裂缝检测主要考虑尺寸和位置两个因素,尺寸是指裂缝的宽度,位置则指裂缝发展的深度范围。在裂缝发展前期,裂缝的宽度往往较小,若此时能够及时检测裂缝并进行预防性养护,检测就体现出价值和意义;若裂缝发展到后期,特别是当裂缝宽度较大且完全贯穿路面结构层时,通过目测就可实现裂缝的检测,那么无损检测的作用也就大打折扣了。因此,本节选取了 2 mm、4 mm、6 mm、8 mm 4 种宽度的贯穿裂缝进行多通道成像和单通道波形振幅的对比。如图 3.9 所示,裂缝宽度越大,双曲线的反射特征越明显,特别是裂缝上端对应双曲线的清晰度对裂缝宽度较为敏感。同时,由于裂缝下端的双曲线较明显,这里选取其顶部的水平距离作为量化指标来分析裂缝宽度。通过对比发现,裂缝宽度的增大导致裂缝下端双曲线的顶部水平距离增大,即在一定范围内,裂缝宽度增加 2 mm,对应的水平距离约增大 2 个通道的距离(1 个通道的距离为 8 mm),因此,该水平距离可作为裂缝宽度评估的参考指标。

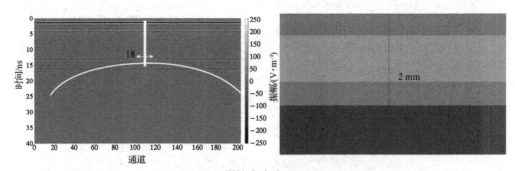

(a) 裂缝宽度为 2 mm

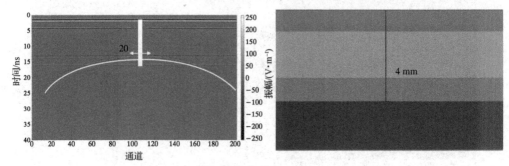

(b) 裂缝宽度为 4 mm

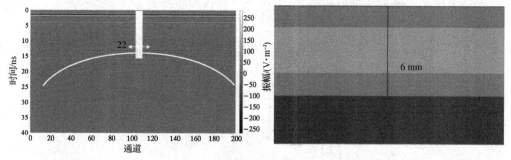

(c) 裂缝宽度为 6 mm

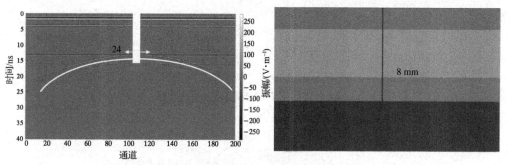

(d) 裂缝宽度为 8 mm

图 3.9　不同宽度的裂缝的多通道成像图

结合图 3.10 中波形图振幅的响应可知，不同的波峰波谷对应不同结构层的分界面，A_0 对应空气层与面层的分界面，A_1 对应面层与基层的分界面，A_2 对应基层与底基层的分界面，A_3 对应底基层与土基的分界面。由于裂缝贯穿面层至底基层，不同结构层的分界位置处对应的振幅会因裂缝的存在而产生差异。如图 3.10 所示，5 种宽度的裂缝振幅 A_0 无差异，这是因为该处位于空气层与面层交界面，可视为自由无限大空间，与裂缝宽度无关。而其他 3 个位置处的振幅却存在明显的变化。如图 3.11 所示，在一定范围内，振幅 A_1 与裂缝宽度具有负线性关系，即裂缝宽度每增大 1 mm，振幅 A_1 降低了 14.86 V/m。同理，振幅 A_2 和 A_3 也与裂缝宽度存在大致的负线性关系，裂缝宽度每增大 1 mm，振幅分别降低了 17.79 V/m 和 10.02 V/m。这种负线性的关系，主要与病害的形状有关。裂缝是细长形状的，电磁波与之接触的反射面很小，这对不同结构层分界面处的反射波造成了一定程度的干扰，导致反射波的振幅降低。同时，振幅 A_1 与裂缝宽度的线性拟合度最高（接近 1.0），这与多通道波形图中裂缝上端对应双曲线的清晰度对裂缝宽度较为敏感的关系一致。由于深度的差异及分界面上下结构层介质的不同，振幅 A_2 和 A_3

与裂缝宽度的线性拟合度有所降低，但仍具有较强的线性关系。

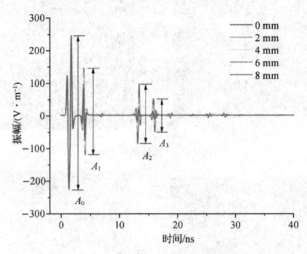

图 3.10　不同宽度的裂缝的波形图

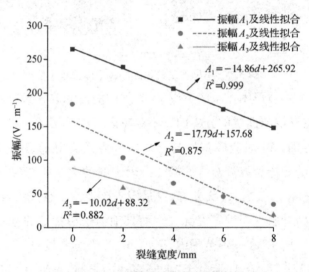

图 3.11　裂缝宽度与振幅的关系

针对裂缝的位置，本节选取 4 mm 宽度的裂缝分析其从底基层向面层反射发展的三个典型阶段，即裂缝贯穿底基层、裂缝贯穿底基层与基层、裂缝贯穿底基层与基层及面层。根据图 3.12 不难看出，当裂缝贯穿底基层时，多通道成像图中的双曲线反射特征整体较微弱；即使裂缝发展到基层顶部，裂缝上端对应的反射特征也不明显；只有裂缝完全发展至面层顶部，反射特征才较容易识别。这样的成像规律反映出,在裂缝发展的全过程中,处于前期的裂缝具有较强的隐蔽性,检测难度较大。

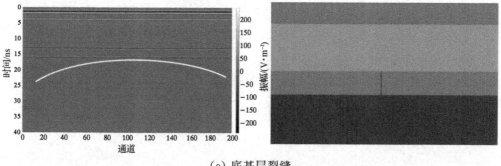

(a) 底基层裂缝

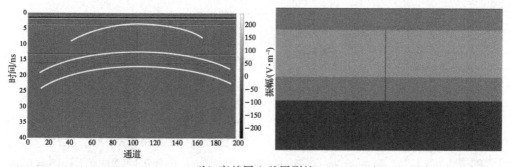

(b) 底基层+基层裂缝

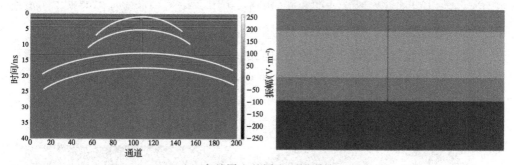

(c) 底基层+基层+面层裂缝

图 3.12 不同层位的裂缝的多通道成像图

如图 3.13 可知,裂缝延伸的位置差异对不同结构层分界面处的振幅影响较为明显。随着裂缝从底基层顶部向面层顶部逐渐发展,振幅 A_1 逐渐降低;同理,振幅 A_2 和 A_3 也存在类似的降低现象。但振幅与裂缝发展延伸位置的关系较难量化,三种振幅的变化幅度差异较大。因而,振幅的变化情况仅能定性地评估裂缝位置的发展情况。

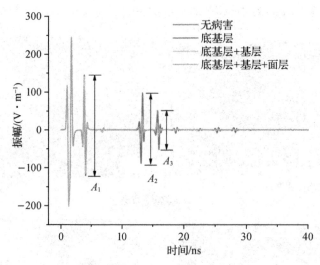

图 3.13　不同层位的裂缝的波形图

4) 脱空

本节主要针对脱空病害的位置和尺寸进行数值模拟,以探究脱空在不同层位及不同宽度下的雷达响应。如图 3.14 所示,本节分别在底基层底部、基层底部和面层底部设置了相同尺寸(0.15 m×0.03 m)的矩形脱空。结合多通道成像图可知,不同层位的脱空均呈现出一致的双曲线反射特征,相较于裂缝,双曲线顶部的水平距离明显较大。这主要是因为脱空的宽度相对较大,电磁波与脱空病害的接触面大于裂缝。

随着脱空位置的逐渐上移,脱空对应的双曲线反射特征逐渐显著。这一趋势与图 3.15 中不同层位脱空的振幅完全吻合,而且振幅的差异更能凸显脱空的位置变化。同时,脱空将大部分电磁波反射回去,导致传播到其下部区域的电磁波比较少,在一定程度上影响了雷达对双曲线下部区域的成像效果。

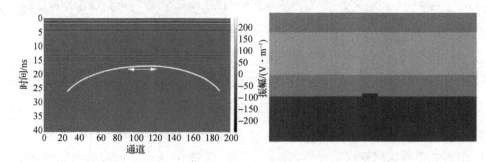

(a) 底基层脱空

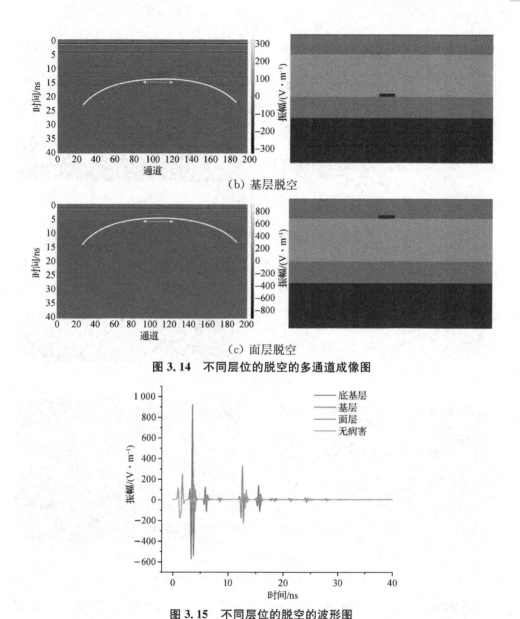

(b）基层脱空

(c）面层脱空

图 3.14　不同层位的脱空的多通道成像图

图 3.15　不同层位的脱空的波形图

针对脱空的尺寸,本节选取了 10 cm、15 cm 和 20 cm 3 种宽度且均位于底基层底部的脱空病害进行研究,其中,脱空病害的厚度均为 3 cm。如图 3.16 所示,随着脱空宽度的增大,双曲线顶部的水平距离也逐渐增大,当脱空宽度分别为 10 cm、15 cm 和 20 cm 时,对应的双曲线顶部水平距离分别为 20 个、30 个和 40 个通道距离(每个通道距离为 0.008 m),两者大致具有两倍的数量关系。

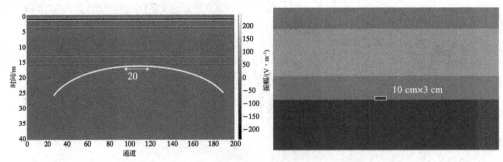

(a) 脱空宽度为 10 cm

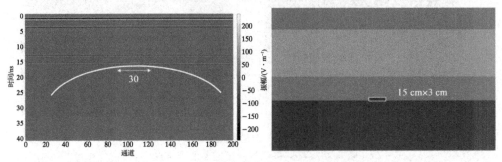

(b) 脱空宽度为 15 cm

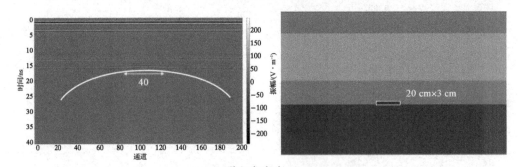

(c) 脱空宽度为 20 cm

图 3.16　不同尺寸的脱空的多通道成像图

结合图 3.17 中对应的电场强度振幅,不难看出,脱空对应的振幅与脱空宽度存在近似的线性关系,脱空宽度越大,振幅越高。为进一步量化这种线性关系,本节对其进行线性拟合。如图 3.18 所示,脱空宽度每增大 1 cm,振幅提高了 12 V/m。当然,可以使用多项式及指数函数等拟合精度更高的函数,但为兼顾评估效率和鲁棒性,采用线性拟合的方式。

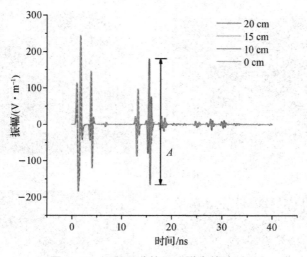

图 3.17　不同尺寸的矩形脱空的波形图

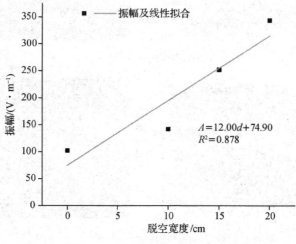

图 3.18　脱空宽度与振幅的关系

5) 空洞

空洞多发生在土基中,因此本节不考虑空洞的位置变量,只探究土基中空洞不同尺寸和形状的雷达响应。针对空洞的尺寸,结合图 3.19 和图 3.20 可知,对于方形空洞,在同一位置处,不同尺寸空洞对应的多通道成像图清晰度差异不显著。结合前面章节的研究,这说明探地雷达的成像清晰度主要与频率及病害的深度有关,与形状和尺寸的关系相对较弱。

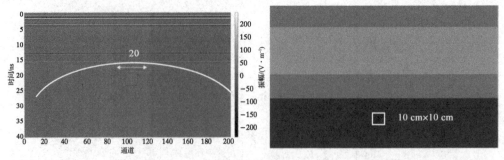

(a) 空洞边长为 10 cm

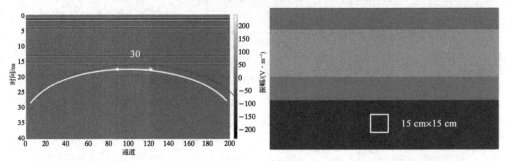

(b) 空洞边长为 15 cm

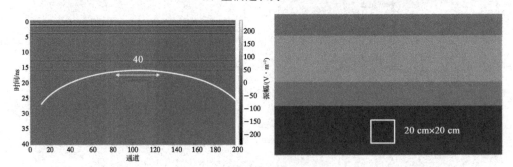

(c) 空洞边长为 20 cm

图 3.19　不同尺寸的方形空洞的多通道成像图

此外,在方形空洞中,以通道数量衡量水平距离,反射特征双曲线顶部的水平距离与空洞尺寸近似呈两倍的数量关系,这一规律与脱空宽度的研究相似。在单通道波形图中,如图 3.20 所示,方形空洞尺寸的增大导致电磁波与空洞接触面增大,进而空洞顶部位置对应的振幅近似呈现线性增大。根据图 3.21 可知,方形空洞尺寸每增大 1 cm,对应的振幅增加 8.68 V/m,这一增幅与脱空宽度的 12 V/m 增幅相近。

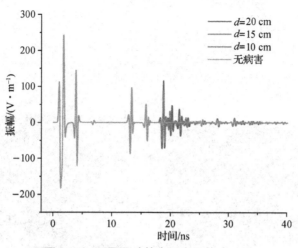

图 3.20　不同尺寸的方形空洞的波形图

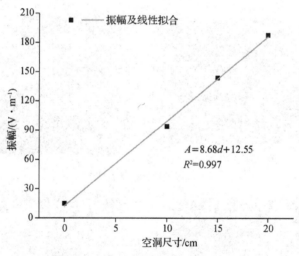

图 3.21　方形空洞尺寸与振幅的关系

电磁波对圆形空洞的尺寸却极不敏感。一方面,如图 3.22 所示,在多通道成像图中,不同尺寸的圆形空洞对应的双曲线清晰度基本无差异,且双曲线顶部的水平距离也无明显变化;另一方面,如图 3.23 所示,不同尺寸的圆形空洞对应的振幅差异也很小。究其原因,圆形空洞与电磁波的接触面较小,即使圆形空洞的半径增大,电磁波与圆形空洞顶部的相切尺寸也很难增大,因此,在一定范围内,电磁波对圆形空洞的响应很微弱。

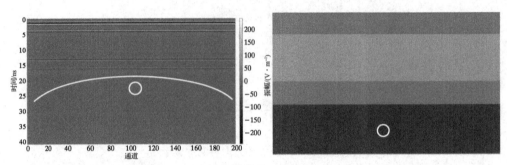
(a) 空洞半径 $r=5$ cm

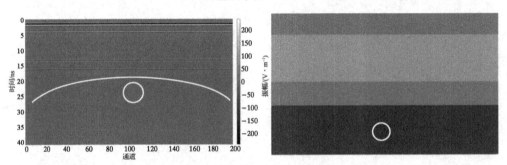
(b) 空洞半径 $r=7.5$ cm

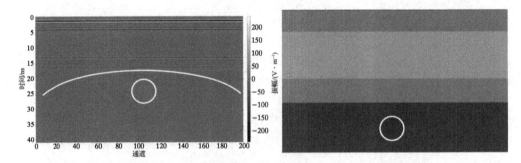
(c) 空洞半径 $r=10$ cm

图 3.22　不同尺寸的圆形空洞的多通道成像图

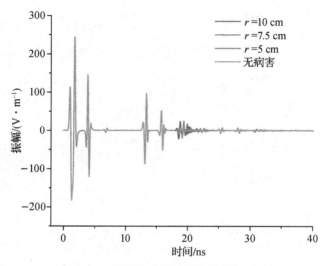

图 3.23　不同尺寸的圆形空洞的波形图

图 3.24 展示了相同尺寸、不同形状空洞的单通道波形图,可更直观地分析空洞形状对电磁波的影响。不难看出,当方形空洞的边长与圆形空洞的直径相同时,方形空洞对应的振幅明显高于圆形空洞,且随着尺寸的增大,两者的差异愈发显著。这再次说明了电磁波与空洞病害的接触尺寸决定了振幅的大小。显然,圆形的接触尺寸远小于相同尺寸的方形,因而圆形空洞对应的振幅偏低。同时,不同半径的圆形空洞顶部与电磁波的接触尺寸差异较小,这正是圆形空洞的电磁波响应对尺寸不敏感的原因。

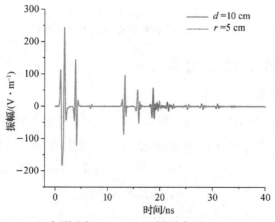

(a) 方形边长 $d=10$ cm,圆形半径 $r=5$ cm

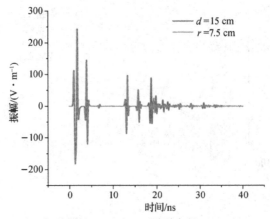

(b) 方形边长 $d=15$ cm,圆形半径 $r=7.5$ cm

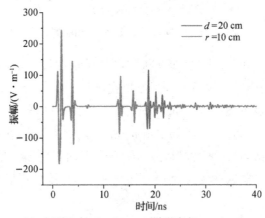

(c) 方形边长 $d=20$ cm,圆形半径 $r=10$ cm

图 3.24 相同尺寸、不同形状空洞的单通道波形图比较

3.1.2 路基路面病害三维模拟

1) 模型参数设置

为方便与二维模型进行对比,三维模型的结构层保持不变;同时,为兼顾模拟精度与效率,检测断面的距离由 2.0 m 改为 1.0 m,宽度方向的设置由 0.002 m 改为 1.0 m,即模型尺寸为 1.0 m×2.0 m×1.0 m。具体几何尺寸和结构如图 3.25 所示。

在材料参数选取方面,三维模型与二维模型基本保持一致,根据模型维度和尺寸的改变,模型四周的完美匹配层厚度由 2 cm 改为 10 cm;为平衡模拟的精度和效率,对计算参数进行了微调,时间步长和空间步长均增大至二维模型的两倍,时窗则降为二维模型的 3/4,具体如表 3.4 所示。

图 3.25 三维模型结构的示意图

表 3.4 三维模型计算参数

参数名称	参数值
激励源类型	Ricker
中心频率	1.6 GHz
时间步长	0.008 ns
时窗	30 ns
模型大小	1.0 m×2.0 m×1.0 m
空间步长	0.004 m

2) 裂缝

如图 3.26 所示,裂缝处于 YZ 断面中,距模型边界 0.5 m,且与道路结构同宽;在 Z 方向上,裂缝基本贯穿面层、基层和底基层。整体来说,三维裂缝相当于将图 3.9 中的裂缝在 Y 方向拉长至 1 m。在检测方向上,本节选取 XZ 和 YZ 两条中线作为检测路线,这两条检测路线的结果分别代表两个断面,根据这两个断面拼出 XY 断面的结果,进而形成裂缝病害的三维视图。

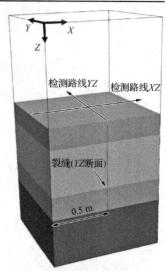

图 3.26 裂缝病害模型与检测路线示意图

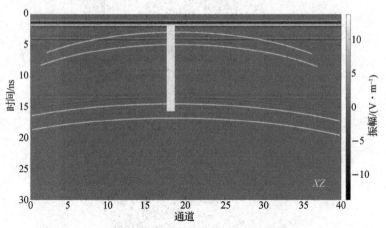
（a）XZ 断面（垂直于裂缝所在平面）

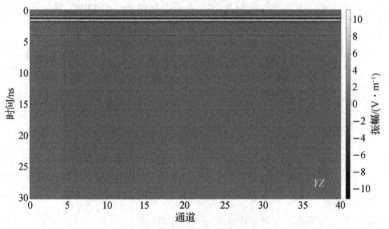
（b）YZ 断面（裂缝所在平面）

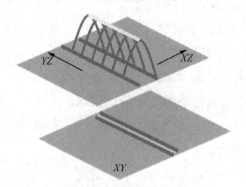
（c）XY 断面（检测平面）

图 3.27　裂缝病害三维模拟结果图

根据图 3.27 不难看出，XZ 断面的模拟结果与图 3.9 基本吻合，即在裂缝上下两端出现较为明显的双曲线特征；由于检测路线 YZ 正好位于裂缝的上方，与裂缝共面，即检测介质由道路转变为空气，因而在 YZ 断面中无类似双曲线的任何特征，道路结构层的分界线也相对模糊。结合 XZ 断面和 YZ 断面的结果，本节将其投射到 XY 平面上，拼合出 XY 断面的检测结果。如图 3.27(c) 所示，XY 断面的双曲线沿宽度方向（Y 轴）连续分布，在 XY 平面投射出长条状的矩形，由于深度的差异，双曲线中部的顶端和两侧的底端在投射成像上有差异，因而形成了中部浅两侧深的矩形特征。

综合三个断面的检测结果，XZ 断面和 XY 断面的裂缝特征较为明显，可作为裂缝三维检测的判断依据。

3）脱空

如图 3.28 所示，脱空处于底基层底部的中心位置，尺寸为 0.15 m×0.15 m×0.03 m。同样，本节仍然选取 XZ 和 YZ 两条中线作为检测路线，通过投射拼出 XY 断面的结果，进而形成脱空病害的三维视图。

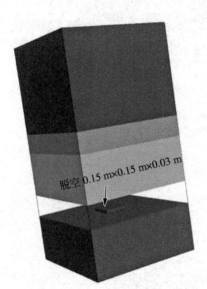 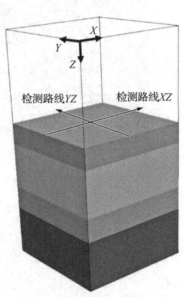

(a) 脱空病害模型　　　　　　(b) 检测路线示意图

图 3.28　脱空病害模型与检测路线示意图

由于投射到 XY 平面上，脱空为边长 15 cm 的正方形，因此，XZ 和 YZ 两条检测路线得到的断面结果是几乎相同的。如图 3.29 所示，XZ 断面和 YZ 断面中顶部较宽的双曲线几乎是一致的。两组相互平行且连续的双曲线投射到 XY 平面中，由于深度的差异，得到内部浅、外部深的近似矩形的特征。

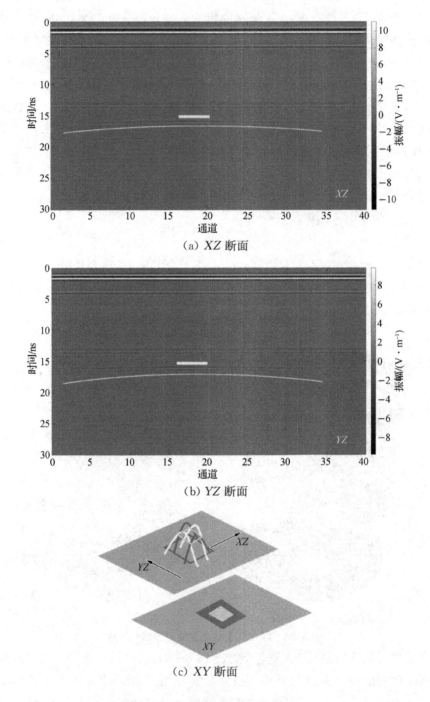

图 3.29 脱空病害三维检测图

4) 空洞

如图 3.30 所示,空洞位于土基中,其顶面距底基层底面的距离为 7 cm,其尺寸为 0.15 m×0.15 m×0.15 m。同样,本节仍然选取 XZ 和 YZ 两条中线作为检测路线,通过投射拼出 XY 断面的结果,进而形成空洞病害的三维视图。

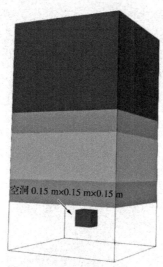

图 3.30 空洞病害模型

类似地,由于空洞为边长 15 cm 的正方体。因此,XZ 和 YZ 两条检测路线得到的断面结果也是几乎相同的。如图 3.31 所示,XZ 断面和 YZ 断面对应的顶部较宽的双曲线也是几乎一致的。将两组相互平行且连续的双曲线投射到 XY 平面中,由于深度的差异,也得到内部浅、外部深的近似矩形的特征。

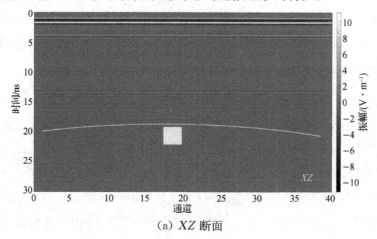

(a) XZ 断面

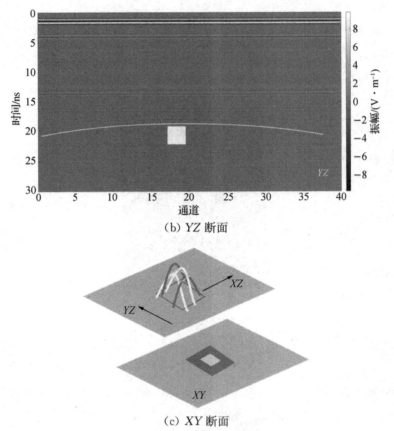

(b) YZ 断面

(c) XY 断面

图 3.31 空洞病害三维检测图

根据上文可知,脱空和空洞的检测特征是相似的,在 XZ 和 YZ 断面中均呈现顶端距离较大的双曲线特征,在 XY 断面中呈现内部浅、外部深的近似矩形特征。因而,XY 断面和 XZ 或 YZ 断面,可作为脱空和空洞三维检测的判断依据。

3.1.3 病害特征汇总

本节以浙江省某国道为例,使用挪威康图(KONTUR)公司生产的三维探地雷达进行实地检测,以验证模拟结果,并进一步总结形成典型病害的判定依据。为统一模拟结果与实测结果的视图表示方式,根据图 3.26 可知,XZ 断面检测图对应 B-Scan 图像,YZ 断面检测图对应 D-Scan 图像,XY 断面检测图对应 C-Scan 图像。

图 3.32 展示了裂缝病害的实测和模拟结果。由于实测图的检测距离(13.2 m)远大于模拟图的检测距离(2.0 m),因此,本书将模拟图中的裂缝病害图像进行了横向压缩,以保证比例的一致性,便于进行直观对比。其他两种病害也进行了同样

的压缩操作,这里不再赘述。显然,实测与模拟结果保持一致。在 B-Scan 图像中,裂缝对应顶部距离较小的双曲线反射特征;在 C-Scan 图像中,裂缝对应长条状的亮暗斑。

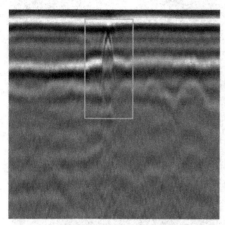 

(a) 实测裂缝的 B-Scan 图像　　　　　　(b) 实测裂缝的 C-Scan 图像

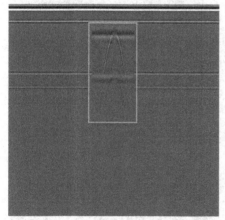 

(c) 模拟裂缝的 B-Scan 图像　　　　　　(d) 模拟裂缝的 C-Scan 图像

图 3.32　裂缝病害的实测与模拟结果对比

图 3.33 和图 3.34 分别展示了脱空病害和空洞病害的实测和模拟结果。不难看出,两种病害对应的实测与模拟结果均保持一致。值得注意的是,脱空和空洞的成像特征相近。在 B-Scan 图像中,两种病害对应顶部距离较大的双曲线反射特征;在 C-Scan 图像中,两种病害对应块状亮斑。两者在本质上并没有区别,均可视为宽度较大的近似块状的空间体。因此,本书不再对脱空和空洞病害的图像特征进行区分。

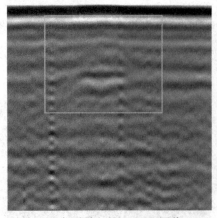
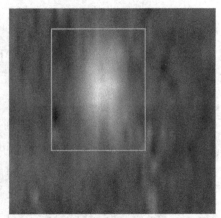

(a) 实测脱空的 B-Scan 图像　　　　　(b) 实测脱空的 C-Scan 图像

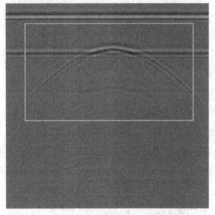
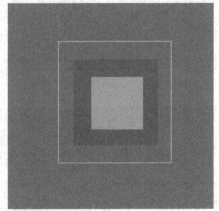

(c) 模拟脱空的 B-Scan 图像　　　　　(d) 模拟脱空的 C-Scan 图像

图 3.33　脱空病害的实测与模拟结果对比

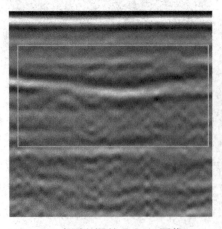
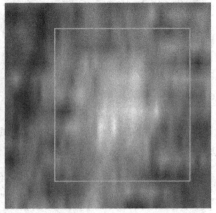

(a) 实测空洞的 B-Scan 图像　　　　　(b) 实测空洞的 C-Scan 图像

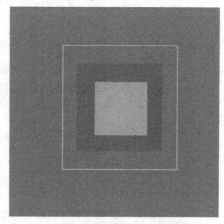

(c) 模拟空洞的 B-Scan 图像　　　　　　(d) 模拟空洞的 C-Scan 图像

图 3.34　空洞病害的实测与模拟结果对比

三种典型病害的模拟结果与实测结果的一致性，充分验证了病害模拟模型的有效性，进而反映出通过模型得到的其他结论具有一定的参考价值。

结合模拟结果，裂缝的宽度可借助图像中双曲线顶部的水平距离或反射振幅的大小进行评估，均存在近似线性的关系。在精准评估前，由于道路材料及检测设备的差异性，需要进行现场标定。如果只需要大致评估，则可按照裂缝每增宽 1 mm，反射振幅 A_1、A_2、A_3 分别降低 14.86 V/m、17.79 V/m、10.02 V/m 来近似判定。裂缝的位置则可通过直接读取图像深度方向上连续双曲线的尺寸范围，并结合路面结构综合判定。

针对脱空或空洞，其宽度同样可借助双曲线顶部的水平距离或反射振幅的大小进行评估，它们之间均存在近似线性的关系。相对裂缝而言，脱空或空洞对应的双曲线顶部的水平距离更大，更易于判定。同时，在精准评估之前也需要进行现场标定。大致判断时，可遵循脱空每增宽 1 cm，反射振幅提高 12 V/m，空洞每增宽 1 cm，反射振幅提高 8.68 V/m 的规律。脱空或空洞的位置则可根据双曲线顶部的位置来定位，并结合路面结构进行综合判定。

诸如松散、不均匀沉降及沉陷等其他病害，在模拟层面较难实现且效果不佳，因此，本节结合部分实测结果，将路基路面病害的判定依据汇总如表 3.5 所示。

表 3.5　路基路面典型病害的判定依据

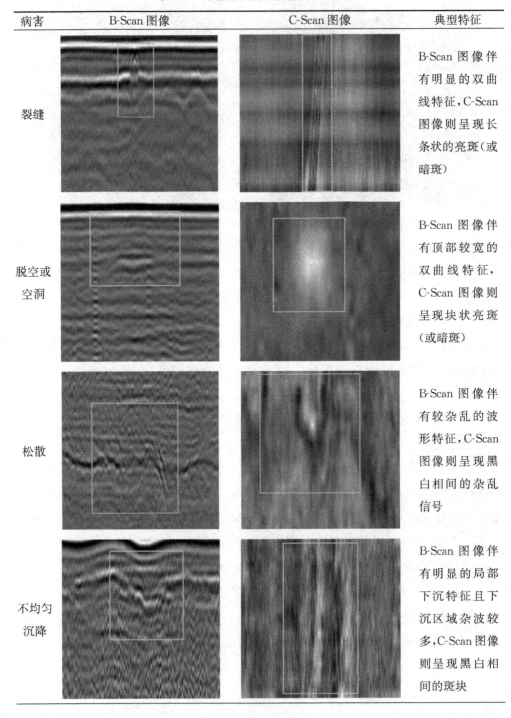

病害	B-Scan 图像	C-Scan 图像	典型特征
裂缝			B-Scan 图像伴有明显的双曲线特征，C-Scan 图像则呈现长条状的亮斑（或暗斑）
脱空或空洞			B-Scan 图像伴有顶部较宽的双曲线特征，C-Scan 图像则呈现块状亮斑（或暗斑）
松散			B-Scan 图像伴有较杂乱的波形特征，C-Scan 图像则呈现黑白相间的杂乱信号
不均匀沉降			B-Scan 图像伴有明显的局部下沉特征且下沉区域杂波较多，C-Scan 图像则呈现黑白相间的斑块

续表

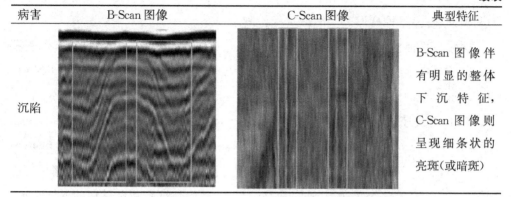

病害	B-Scan 图像	C-Scan 图像	典型特征
沉陷			B-Scan 图像伴有明显的整体下沉特征，C-Scan 图像则呈现细条状的亮斑(或暗斑)

3.2 基于深度学习的路面内部病害智能识别

3.2.1 深度学习简介

1) 深度学习

深度学习是机器学习领域中的一个分支，通过学习样本数据的内在特征规律和表示层次，获得智能识别文字、图像和声音等数据的能力。相较于其他机器学习方法，深度学习最明显的特征是采用多层神经网络技术，架构的复杂程度要远高于其他机器学习方法，往往不具备可解释性。因此，深度学习能够较好地提取出样本的深层规律，适应较复杂的识别场景，但需要具备样本数据量大、计算硬件性能高、训练时间长等条件。

根据研究内容，深度学习主要包括三类方法：一是基于卷积运算的神经网络系统（即卷积神经网络，CNN）；二是基于多层神经元的自编码神经系统；三是以多层自编码神经网络为预训练，结合鉴别信息进一步优化神经网络权值的深度置信网络。

根据应用场景，深度学习主要涉及计算机视觉、语音识别和自然语言处理等领域。本节研究的路面内部病害智能识别属于计算机视觉领域，深度学习在计算机视觉特别是图像识别方面具有优异的性能，远远超过先前相关技术。进一步细化，路面内部病害智能识别属于目标检测的范畴，即找出探地雷达图像中道路内部的病害，确定它们的类别和位置，其主要方法是卷积神经网络。

2) 目标检测

目标检测的任务是找出图像中所有感兴趣的目标，并确定它们的类别和位置，目标检测的本质是分类与回归问题。目前,基于深度学习的目标检测算法主要分为两类:两阶段目标检测和一阶段目标检测。

两阶段目标检测的主要流程包括区域候选、特征提取和分类定位回归,代表算法有区域卷积神经网络(Region-based Convolutional Neural Networks,R-CNN)、快速区域卷积神经网络(Fast Region-based Convolutional Neural Networks,Fast R-CNN)、更快速区域卷积神经网络(Faster Region-based Convolutional Neural Networks,Faster R-CNN)和掩膜区域卷积神经网络(Mask Region-based Convolutional Neural Networks,Mask R-CNN)等。两阶段目标检测的设计思路是先进行粗定位,再进行细分类,即首先明确目标的大致位置,然后观察目标的具体特征,最后针对目标进行精准分类和定位,检测精度相对较高,但检测速度较慢。

一阶段目标检测则不需要区域候选这一步骤,直接提取特征预测目标的类别和位置,代表算法有YOLO系列、SSD、RetinaNet和OverFeat等。一阶段目标检测的设计思路是将图像划分成不同的区域,然后直接对每个区域内目标的类别和位置进行预测。一阶段目标检测简化了前期目标位置的粗略估计步骤,显著提升了检测速度,但也牺牲了一定的精度,尤其是对于小尺寸目标。

在道路检测领域中,结合探地雷达连续快速检测的特点,实时智能检测是当前和未来发展的主要方向之一。面对大规模的道路检测任务,考虑到道路结构和介质的差异性,检测速度的优先级要高于检测精度,即可以适当降低一定精度来保证较快的检测速度。综合当前目标检测的发展现状,本节选择YOLO系列作为路面内部病害智能识别的模型进行展开研究。

3.2.2 目标检测YOLO模型概述

一直以来,YOLO系列都是一阶段目标检测中的主流算法之一。近年来,YOLO模型的第四代YOLOv4及存有争议的YOLOv5相继更新,进一步提升了一阶段目标检测的速度和精度,可以说YOLO是当前综合性能最佳的目标检测算法之一。尽管最新的版本已经问世,但YOLOv3模型仍然是一款较为优秀的目标检测算法。YOLOv4和YOLOv5均使用了当前最新的技巧来提高检测效率,但这两个版本的检测原理和网络架构与YOLOv3是相近的。因此,本节以YOLOv3为例阐述YOLO模型的检测原理和网络架构,并补充YOLOv4和YOLOv5模型的相关提升算法。

1) YOLO 模型的检测原理

不同于两阶段目标检测算法，YOLOv3 将目标检测视为一个回归问题，直接预测目标对象的边界框和置信度。如图 3.35 所示，输入图像先被划分为 $S \times S$ 的网格单元，对于每个网格单元，预测出 B 个具有一定置信度的边界框，置信度反映网格单元中是否存在目标对象。同时，模型还对目标对象的类别概率 C 进行了预测。

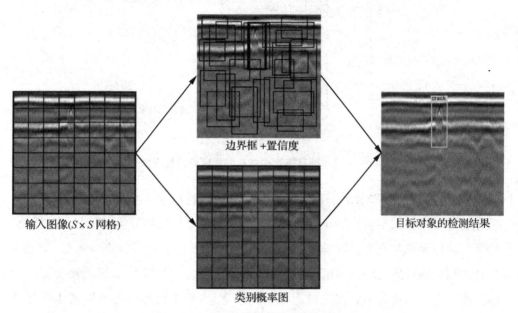

图 3.35　YOLO 模型的检测原理流程图

因此，输入图像的预测结果被编码为一个 $S \times S \times [B \times (4+1+C)]$ 维的张量。其中，$S \times S$ 代表网格单元的数量，B 代表边界框的数量，4 代表边界框的坐标(b_x, b_y, b_w, b_h)，1 代表边界框的置信度(p_c)，C 代表 C 种类别的概率(例如 c_1)。

针对边界框的预测，YOLOv3 模型使用维度聚类[49]作为锚框，如图 3.36 所示，模型预测每个网格单元的 4 个坐标 t_x、t_y、t_w 和 t_h。如果网格单元距离图像的左上角具有偏移量(c_x, c_y)，结合先验边界框的宽度 p_w 和高度 p_h，预测结果对应如下：

$$\left.\begin{aligned} b_x &= \sigma(t_x) + c_x \\ b_y &= \sigma(t_y) + c_y \\ b_w &= p_w e^{t_w} \\ b_h &= p_h e^{t_h} \end{aligned}\right\} \tag{3.1}$$

式中：

$\sigma(x)$ 为 Sigmoid 函数，其形式为 $\sigma(x)=1/(1+e^{-x})$。

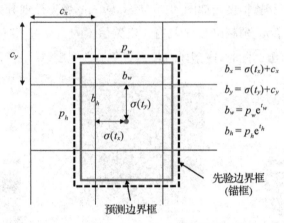

图 3.36　带有先验锚框和位置预测的边界框

YOLOv3 使用逻辑回归预测每个边界框中是否包含目标的置信度得分。如果先验边界框与真实目标的重叠比例最高，那么该边界框的目标得分被标记为 1。如果先验边界框与真实目标的重叠比例不是最高的，但超过了一定的阈值，那么这个预测结果将被忽略。一般情况下，阈值通常设为 0.5，YOLOv3 只为每个真实目标分配一个先验边界框。在完成边界框的预测后，每个边界框都可以使用多标签分类预测框内的目标类别。这里采用二元交叉熵损失预测目标的类别，并使用非极大值抑制（Non-Maximum Suppression，NMS）除去冗余预测以实现最佳匹配，进而得到最终的检测结果。

2) YOLO 模型的网络架构

目前，目标检测器通常由三部分构成：用于提取关键特征的骨干网络、用于从不同阶段收集特征图谱的颈部结构和用于预测目标类别及边界框的头部模块。图 3.37 展示了 YOLOv3 的网络架构，主要模块的组成和功能如下：

CBL 模块是一个由卷积层（Convolution Layer，CONV）、批标准化层（Batch Normalization，BN）和激活函数（Leaky ReLU）组成的基本模块，该模块是 YOLOv3 网络架构中最常见的结构。

RES 模块是一种残差结构，能够增加网络结构的深度。RES 模块的基本组成部分是 CBL 模块和实现张量直接叠加的添加层（Add Layer）。同时，RES N 意味着该残差模块除了零填充层(Zero Padding Layer)和 CBL 模块外,还包含 N 个 RES 模块。

连接层(Concat Layer)可以实现 CBL 模块与上采样层(Up Sample Layer)的张量拼接。连接层实现了张量维度的拓展,但添加层却只是相同维度的张量运算。

在骨干部分,YOLOv3 模型采用连续的 3×3 卷积层和 1×1 卷积层,并通过使用残差连接(Shortcut Connections)提高学习能力。由于 RES 模块的加深功能,YOLOv3 的卷积层数量从 YOLOv2 的 19 增加到 53,因此,YOLOv3 的骨干部分也被称为 Darknet53。这里的 Darknet53 没有使用全连接层(Full-Connection Layer)。在颈部部分,YOLOv3 使用了特征金字塔网络(Feature Pyramid Network,FPN)[50],可以实现多尺度的特征提取。YOLOv3 的头部是 YOLO[51],该部分是检测器的预测部分,能够输入 3 种不同尺度的检测结果。

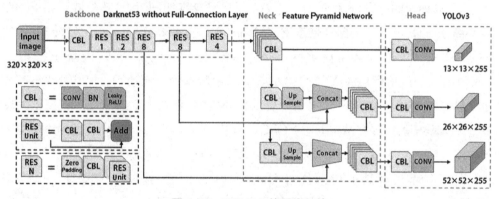

图 3.37　YOLOv3 的网络架构

YOLOv3 能够有效地识别较大尺寸的目标,对小尺寸目标的识别效果不佳。一般情况下,以矩形面积作为衡量标准,小尺寸目标的面积小于 32 px×32 px,中尺寸目标的面积在 32 px×32 px 到 96 px×96 px 之间,大尺寸目标的面积则大于 96 px×96 px。经过骨干结构多层的特征提取后,小尺寸目标在最后层的像素数量很少。由于 YOLOv3 只检测卷积层最后的输出层,这使得小尺寸目标难以被识别。道路结构中隐性裂缝的尺寸一般是厘米级的,而道路结构的尺寸通常是分米级的,这导致雷达检测图像中裂缝病害的尺寸相对较小,识别难度较大。为了尽量减轻这种不利的影响,本书在处理相同尺寸的雷达检测图像时,选择截取 320 px×320 px 的图像,而不是 416 px×416 px 或更大的图像,以尽可能保证裂缝病害的尺寸相对较大。

YOLOv4 遵循 YOLOv3 的基本网络架构,但使用最先进的方法对局部进行了修改。CBM 模块和 CBL 模块都用于特征提取,两者的不同之处在于 CBM 模块的激活函数使用 Mish 函数替代了 Leaky ReLU 函数。Mish 函数是一种具有较高平滑度的自正则化非单调神经激活函数,能够进一步提高模型的泛化能力和分类精度。空间金字塔池化(Spatial Pyramid Pooling,SPP)是一种池化层,主要用来将不同大小的卷积特征转化为相同长度的池化特征[52]。中心点尺度预测(Center and Scale Prediction,CSP)模块则通过将低层特征分为两部分,然后融合成跨层特征,进而提高 CNN 的学习能力。

与 YOLOv3 不同,YOLOv4 的骨干是 CSPDarknet53,它在 Darknet53 架构的基础上借鉴了跨阶段局部网络(Cross Stage Partial Network,CSPNet)[53]的设计灵感。由于 CBM 模块的存在,这种新架构能够在保持准确度的同时,显著降低计算量。在颈部部分,YOLOv4 使用路径聚合网络(Path Aggregation Network,PANet)替代了 YOLOv3 的 FPN[54],从而促进网络中信息的传递。此外,SPP 模块也被用于 CSPDarknet53,该模块在 YOLOv3 的部分衍生版本中已有使用。SPP 模块显著增加了接受的视野,并能够分离出最重要的特征内容,且几乎不会造成运行速度的衰减。YOLOv4 的头部在结构上与 YOLOv3 保持一致。因此,YOLOv4 的网络架构主要由 CSPDarknet53 骨干、SPP 附件模块、PANet 颈部和 YOLOv3 头部组成。

YOLOv5 模型是由初创公司 Ultralytics 提出的,该模型的开发团队也是 YOLOv4 中 mosaic 数据增强技术的开发者。由于 YOLOv5 和 YOLOv4 两个版本没有本质上的区别,因此版本的名称在学术界和业界仍有争议。YOLOv5 是基于 PyTorch 框架编译的,而不是 YOLOv4 所使用的 Darknet 框架。因为 PyTorch 具有编译灵活、应用广泛等特性,所以 YOLOv5 模型的使用灵活性更高,生产效率也更高。YOLOv5 的网络架构也采用了 CSPDarknet53 骨干、PANet 颈部和 YOLOv3 头部。在激活函数方面,YOLOv5 在最后的检测层使用 Sigmoid 函数代替了 Mish 函数。此外,YOLOv5 引入自动学习的锚框机制,用于调整和优化锚框的选择。

3) 损失计算指标

结合 YOLO 模型的检测原理和网络架构,模型的训练和检测过程可概括为如图 3.38 所示的流程。在训练阶段,首先,通过数据增强和尺寸调整将训练集图像输入 YOLO 模型中;然后,根据 YOLO 模型的锚框(先验边界框)获得预测边界框的信息；接着，计算真实目标边界框与预测边界框之间的损失，完成一次训练；最后，重复训练直到达到预定的训练次数。在检测阶段，首先根据训练好的YOLO模型获得输入图像的预测边界框信息，然后利用非极大抑制算法或其他衍生方法来除去冗余，找到最佳匹配，输出最终的检测结果。

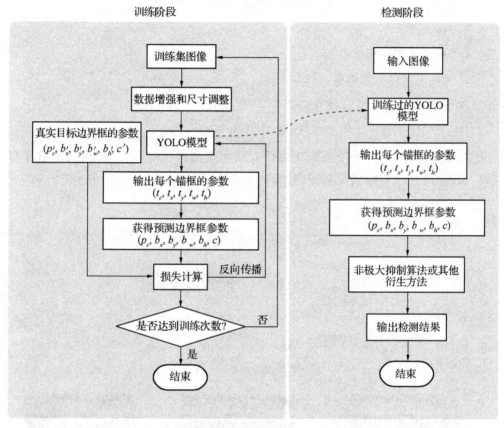

图3.38　YOLO模型的训练检测流程图

在YOLO模型中，损失的计算对模型的训练效果和检测性能影响很大，主要由三部分组成，即

$$Loss = Error_{coord} + Error_{iou} + Error_{cls} \tag{3.2}$$

式中：

$Error_{coord}$、$Error_{iou}$ 和 $Error_{cls}$ 分别代表预测边界框的坐标误差、交并比的误差和类别的误差。

在本书的研究中，由于仅考虑隐性裂缝一种目标，因此该类别的误差为0。

在误差损失计算中,交并比(Intersection over Union,IoU)[55]是一种非常流行的评价指标,能够衡量检测目标的准确度,其计算公式及损失函数如下:

$$\left.\begin{array}{l}IoU=\dfrac{|B\cap B^{gt}|}{|B\cup B^{gt}|}\\ Loss_{IoU}=1-IoU\end{array}\right\} \quad (3.3)$$

式中:

B^{gt} 代表真实目标边界框;

B 代表预测目标边界框;

$B\cap B^{gt}$ 代表 B^{gt} 与 B 的交集;

$B\cup B^{gt}$ 代表 B^{gt} 与 B 的并集,如图 3.39 所示。

然而,只有当边界框相互重叠且没有任何滑动梯度时,IoU 的损失函数才有效。因此,通过对 IoU 增加惩罚项,改进得到了广义交并比(Generalized Intersection over Union, GIoU)[55]:

$$\left.\begin{array}{l}GIoU=IoU-\dfrac{|C-(B\cup B^{gt})|}{|C|}\\ Loss_{GIoU}=1-IoU+\dfrac{|C-(B\cup B^{gt})|}{|C|}\end{array}\right\} \quad (3.4)$$

式中:

C 代表覆盖 B^{gt} 与 B 的最小框;

$C-B\cup B^{gt}$ 代表 C 减去 B^{gt} 与 B 的并集,如图 3.39 所示。

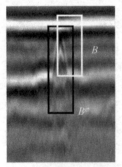

(a) B^{gt} 代表真实目标边界框,B 代表预测目标边界框　　(b) $B\cap B^{gt}$ 代表 B^{gt} 与 B 的交集　　(c) $B\cup B^{gt}$ 代表 B^{gt} 与 B 的并集

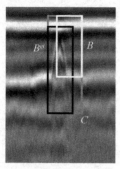 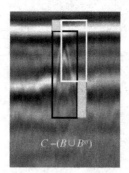 

(d) C 代表覆盖 B^{gt} 与 B 的最小框　　(e) $C-B\cup B^{gt}$ 代表 C 减去 B^{gt} 与 B 的并集　　(f) c 代表 C 的对角线距离，d 代表 B^{gt} 和 B 中心点间的距离

图 3.39　交并比函数的计算方法

由于引入惩罚项，在不重叠的情况下，预测目标边界框会向真实目标边界框移动。虽然 GIoU 能够缓解边界框非重叠情况下梯度消失的问题，但仍存在一定的局限性。例如，当边界框重叠度很高时，GIoU 的损失函数完全退化为 IoU 的损失函数。由于严重依赖交并比项，从经验上来说，GIoU 需要更多的迭代次数才能收敛，特别是对于水平和垂直方向的边界框。在一些最先进的检测算法中，GIoU 的损失函数往往不能较好地收敛，从而导致检测结果的准确度有限。

为此，距离交并比（Distance Intersection over Union，DIoU）被提出，该方法解决了 GIoU 损失函数收敛速度慢的问题[56]。如图 3.39 所示，DIoU 考虑了两个边界框中心点之间的归一化距离，其损失函数如下：

$$Loss_{DIoU}=1-IoU+\frac{\rho^2(b,b^{gt})}{c^2} \tag{3.5}$$

式中：

b 和 b^{gt} 分别代表 B 和 B^{gt} 的中心点；

$\rho(\cdot)$ 代表欧氏距离；

c 代表覆盖 B^{gt} 和 B 的最小框 C 的对角线距离；

$d=\rho(b,b^{gt})$，代表 B^{gt} 和 B 中心点间的距离。

基于 GIoU 和 DIoU，完全交并比（Complete Intersection over Union，CIoU）被提出，其具有更快的收敛速度和更好的性能[56]。CIoU 综合考虑了三个几何参数，即重叠面积、中心点距离和高宽比，表达式如下：

$$\left.\begin{aligned} Loss_{CIoU} &= 1-IoU+\frac{\rho^2(b,b^{gt})}{c^2}+\alpha v \\ v &= \frac{4}{\pi^2}\left(\arctan\frac{w^{gt}}{h^{gt}}-\arctan\frac{w}{h}\right)^2 \\ \alpha &= \frac{v}{(1-IoU)+v} \end{aligned}\right\} \quad (3.6)$$

式中：

α 代表正的权衡参数；

v 代表高宽比的一致性参数；

w^{gt} 和 h^{gt} 分别代表 B^{gt} 的宽度和高度；

w 和 h 分别代表 B 的宽度和高度。

在 YOLO 模型中，YOLOv3 使用了 IoU 或 GIoU 作为评价指标，YOLOv5 使用了 GIoU 作为评价指标，YOLOv4 则使用了 CIoU 作为评价指标，相对而言，YOLOv4 收敛速度更快、性能更好。同时，YOLOv4 采用了一种新的结构剪枝形式 DropBlock 作为正则化方法。在训练过程中，DropBlock 将一个特征图中相邻区域的单元一起丢弃，有效降低了模型超参数的数量，提高了模型的准确性和鲁棒性[57]。此外，YOLOv4 和 YOLOv5 均使用了一种新的数据增强方法 mosaic[58]，如图 3.40 所示，该方法能够将 4 张训练图像拼成 1 张新的图像，增强了图像背景的复杂度，能够检测出超出原本背景的相关病害，而一般的方法通常只能将 2 张训练图像拼成 1 张新的图像。而且，按标准化计算每个层上 4 张不同图像的激活统计信息，显著减少了对小批量尺寸的要求，从而减少了对内存的需求。

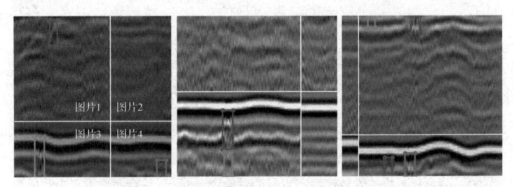

图 3.40 数据增强方法 mosaic

3.2.3 路面病害雷达图像数据集

1) 病害图像的获取

高质量的病害图像有利于提升深度学习模型的训练效果和检测性能,而病害图像的质量主要受道路结构材料和检测设备制约。本节选取浙江北部某条省道作为检测路段,使用康图公司生产的三维探地雷达系统(GeoscopeTM MKIV 雷达主机、DX 1821 空气耦合天线、RTK 动态定位系统)进行数据采集。该套雷达系统为车载式,数据采集时车速为 45 km/h,数据采集及采集软件的具体参数如表 3.6 所示。

表 3.6 三维探地雷达系统的具体参数

设备参数	
参数	参数值
探测深度	8 m
探测速度	60 km/h
横向采样间距	0.071 m
纵向采样间距	0.025 ~ 0.1 m
竖向采样间距	0.004 m
采集软件参数			
参数	参数值	参数	参数值
域	频域	驻留时间	1 000 μs
最低频率	40.0 MHz	模式	测距轮
最高频率	2 980.0 MHz	DMI	Channel A
频率步长	20.0 MHz	最初采样间隔	39.9 mm
时窗	25 ns	当前采样间隔	39.8 mm

2) 数据集构建

病害图像数据集的构建主要分为四个步骤,即滤波、识别、截取和标注。

(1) 滤波

获取雷达图像后,对原始图像进行滤波是必要的。基于三维探地雷达系统自带的数据处理软件 3DR-Examiner,通过反傅里叶变换、数据自动化调整和高通滤波等主要步骤实现数据的有效滤波,除去干扰和不必要的噪声及杂波,滤波的具体参数如表 3.7 所示。

表 3.7 滤波的具体参数

滤波过程	参数名称	参数值
反傅里叶变换	滤波	0.01
	窗口类型	Kaiser
	Beta	6
	使用全宽带	是
	最大频率	3 000 MHz
	截止频率	500 MHz
数据自动化调整	低于最大值的百分比	100
	倍数	10
	时间移除	10 ps
高通滤波	滤波长度	100
	BGR 背景移除	100
	开始深度	6 ns

（2）识别

图 3.41 展示了隐性裂缝的三维视图检测结果。隐性裂缝的病害特征与表 3.5 中裂缝病害的判定依据是一致的，即 B-Scan 图像中伴有明显的双曲线特征，C-Scan 图像则呈现长条状的亮斑。在 B-Scan 图像中，由于隐性裂缝处充满了空气或水分，与沥青混凝土和水泥混凝土材料的介电常数差异较大，产生了双曲线反射特征。同时，由于在道路结构宽度方向上双曲线是连续的，因而在 C-Scan 图像中出现长条状亮斑。D-Scan 图像中则无明显特征，相关原因已在前文进行了详细阐述，

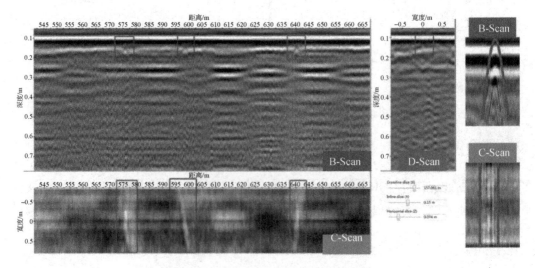

图 3.41 隐性裂缝的三维雷达检测图像

这里不再赘述。而且,D-Scan 图像的大小容易受到天线通道数的影响,因此不适用于深度学习模型的输入。综上所述,通过 B-Scan 和 C-Scan 图像可以确定隐性裂缝及其位置。

(3) 截取

由于 YOLO 模型需要将目标对象的一个明确特征作为输入,本节选择 B-Scan 图像作为输入图像,主要考虑两方面:一是 B-Scan 图像能够反映隐性裂缝的核心特征和具体位置;二是 B-Scan 图像中隐性裂缝的特征具有较高的辨识度,更容易标注和识别。

如图 3.42 所示,所截取的雷达图像尺寸为 320 px×320 px,该尺寸满足 YOLO 模型输入图像尺寸为 32 px 的倍数的要求。截取图像对应的实际尺寸为 0.5 m×13.2 m,这样截取主要考虑到道路结构的长度远大于深度,而道路结构病害往往在浅层部分,适当压缩长度方向的尺寸范围有利于减少样本数量,提高训练效率,同时也保证了深度方向上病害的尺寸相对较大,便于标注和模型训练。

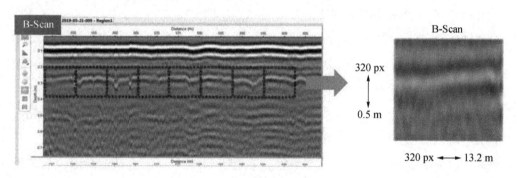

图 3.42 雷达图像的截取方法

(4) 标注

使用专业的标注软件 LabelImg 对截取的雷达图像进行标注。如图 3.43 所示,在截取的 B-Scan 图像中用矩形框对隐性裂缝进行标注,得到包含矩形框对应标签信息的 xml 格式文件。其中,标签信息主要包括矩形框对角线上两点的坐标,可以反映所标注裂缝的位置和尺寸。根据采集到的图像数量,本节对 303 个样本图像进行标记,其中的隐性裂缝总数为 1 306 条。结合训练要求,将这些样本按比例随机分为三组,即训练集(242 张图像和 1 055 条裂缝)、验证集(31 张图像和 127 条裂缝)和测试集(30 张图像和 124 条裂缝)。

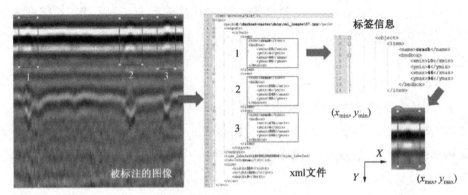

图 3.43　雷达图像的标注过程

3.2.4　模型训练与结果分析

1) 训练环境的设置

在软件环境方面，YOLO 模型均在 Windows 10 系统中配置，YOLOv3 和 YOLOv5 采用 Python 3.7.6 和 PyTorch 1.4 框架，YOLOv4 采用 Darknet 框架。在硬件环境方面，训练和检测均使用台式机，其主要配置包括：AMD Ryzen 5 2600X CPU(16 GB 内存)和 Asgard AN2 系列固态硬盘(250 GB 容量)，没有配备 NVIDIA GPU。

本节采用 3 个版本共 8 个模型进行训练，包括 YOLOv3、YOLOv3-tiny、YOLOv4、YOLOv4-tiny、YOLOv5-s、YOLOv5-m、YOLOv5-l 和 YOLOv5-x。其中，YOLO-tiny 版本是 YOLO 模型的轻量化版本，在保证一定精度的同时显著提升了检测速度。在 YOLOv5 中，s、m、l 和 x 代表模型规模的依次增大。

由于模型网络的参数很多，但数据集样本数较少，容易产生过拟合现象。为此，本节采用迁移学习对模型进行训练，即模型训练的初始权重是经过一定样本训练得到的，而非固定值或随机值，这对小样本数据集的训练尤为重要。经过 COCO 数据集训练的初始权重被用于本节模型的训练，其中，COCO 数据集由 80 个不同类别共 50 多万张图像数据组成，经普遍验证该初始权重能够减少或避免新模型训练中出现的收敛速度慢、过拟合或欠拟合等问题。

在模型超参数设置方面，批量大小为 16，小批量尺寸为 4，动量为 0.9，权重衰减为 0.000 5，初始学习率为 0.001，YOLOv3 和 YOLOv5 模型的训练轮数为 300，YOLOv4 模型的迭代次数为 10 000(约等于 625 轮训练)，满足基本的训练要求，其余参数采用默认值。

2) 模型的评价指标

本节主要选取了精准度、召回率、均值平均精度(Mean Average Precison，mAP)、F_1 分数、每秒帧数(Frames Per Second，FPS)和推理时间等指标来综合评价模型的训练效果和检测性能。

精准度和召回率是目标检测模型中最基础的性能评价指标。其中，精准度是所有被正确检测出的隐性裂缝占所有预测为隐性裂缝的实例的比例，召回率是所有被正确检测出的隐性裂缝占所有实际隐性裂缝的比例，两者的表达式如下：

$$P=\frac{TP}{FP+TP} \tag{3.7}$$

$$R=\frac{TP}{FN+TP} \tag{3.8}$$

式中：

P 为精准度；

R 为召回率；

TP 是隐性裂缝检测出的数量；

FP 是非隐性裂缝被当作隐性裂缝检测出的数量；

FN 是隐性裂缝被当作非隐性裂缝检测出的数量。

mAP 是一个综合精准度和召回率的评价指标，本质为所有类别的平均精度(Average Precison，AP)的平均值。由于模型中只有隐性裂缝一类目标，这里 mAP 与 AP 是相等的。AP 为精准度和召回率曲线下的面积，即

$$AP=\int_0^1 P(R)\mathrm{d}R \tag{3.9}$$

F_1 分数也是一个评价模型性能的综合指标，其计算公式如下：

$$F_1=\frac{2P \cdot R}{P+R} \tag{3.10}$$

FPS 和推理时间均为衡量模型检测速度的指标，FPS 是图像领域中的定义，指每秒处理的帧数(图片数)；推理时间指模型处理一张图片所消耗的时间。一般而言，当 FPS 大于 30 时，模型基本能够满足实时检测的速度要求[59]。

3) 训练结果的分析

图 3.44 展示了 YOLO 模型的训练结果。损失值 Loss 表示预测值与真实值

之间的误差。显然,Loss 值越小,训练效果越好。同时,较高的 mAP 值也表明了模型良好的检测性能。

不难看出,在训练过程中,YOLOv5 模型在 Loss 和 mAP 方面均优于 YOLOv3 和 YOLOv4 模型。YOLOv5 模型的最终 Loss 值均小于 0.10,而其他两个模型的最终 Loss 值范围为 1~2。此外,YOLOv5 模型的 mAP 值均超过 80%,其中,YOLOv5-x 的 mAP 值最高至 94.4%。而 YOLOv3 和 YOLOv4 的 mAP 值分别最高达到 79.2% 和 76%。综合 Loss 和 mAP 来看,YOLOv5 模型具有优秀的训练效果,YOLOv4 模型与 YOLOv3 模型的训练效果相近。

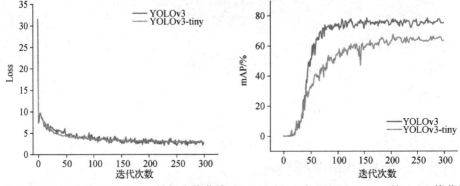

(a) YOLOv3 和 YOLOv3-tiny 的损失值曲线　(b) YOLOv3 和 YOLOv3-tiny 的 mAP 值曲线

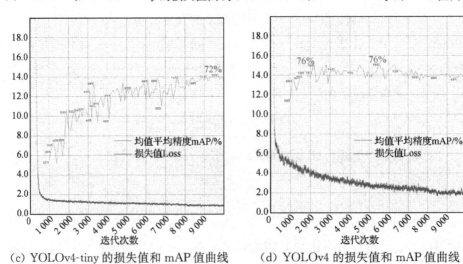

(c) YOLOv4-tiny 的损失值和 mAP 值曲线　(d) YOLOv4 的损失值和 mAP 值曲线

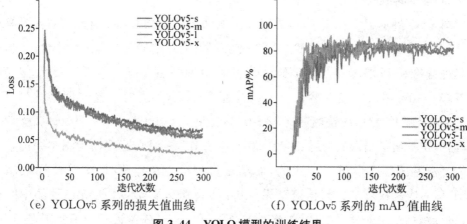

(e) YOLOv5 系列的损失值曲线　　　(f) YOLOv5 系列的 mAP 值曲线

图 3.44　YOLO 模型的训练结果

表 3.8 总结了 YOLO 模型的训练结果指标。显然，模型训练结果的评价指标与权重大小大致呈正相关。这说明，在一定程度上，模型架构的加深可以改善训练效果，但也会导致推理时间增大。与 YOLOv3 模型相比，除了推理时间和 FPS 两个指标外，YOLOv4 模型在其他指标方面进步不明显。在权重大小相近的情况下，YOLOv4 模型的推理时间仅为 YOLOv3 模型的三分之一左右，YOLOv4-tiny 模型的 FPS 是 YOLOv3-tiny 的两倍多。值得注意的是，YOLOv4-tiny 模型在中低端 CPU 上的 FPS 能达到 10.16，这是一个显著的进步。如果使用 NVIDIA 20 或 30 系 GPU，YOLOv4-tiny 模型的 FPS 将远超 60，能够满足实时检测的要求。同时，YOLOv5 模型的评价指标大部分优于 YOLOv3 模型，特别是 F_1 分数和 mAP，都明显提高了。其中 YOLOv5-s 检测结果更好，可以满足工程检测的精度需求。在检测速度方面，YOLOv5 模型没有明显进步，甚至出现倒退。

表 3.8　YOLO 模型的训练结果评价指标

模型	精准度	召回率	F_1 分数	mAP/%	FPS	推理时间/ms	权重大小/MB
YOLOv3	0.81	0.84	0.825	79.2	0.52	1 918.14	235.0
YOLOv3-tiny	0.75	0.71	0.729	73.1	4.47	223.92	33.1
YOLOv4	0.79	0.83	0.810	76.0	1.56	641.50	244.0
YOLOv4-tiny	0.81	0.83	0.820	72.0	10.16	98.47	22.4
YOLOv5-s	0.92	0.95	0.935	93.1	3.37	296.36	26.4
YOLOv5-m	0.84	0.94	0.887	91.5	1.37	732.36	83.2
YOLOv5-l	0.87	0.94	0.904	86.0	0.66	1 518.78	190.0
YOLOv5-x	0.86	0.94	0.898	94.4	0.37	2 739.36	364.0

4) 检测结果的分析

图 3.45 展示了 YOLO 模型的部分检测结果。结合 B-Scan 和 C-Scan 图像可知,B-Scan 图像中仅有一条隐性裂缝。不难看出,所有 YOLO 模型都能对该隐性裂缝进行准确识别和定位,但不同模型对隐性裂缝的置信度存在较大差异。YOLOv3-tiny 模型中置信度仅有 0.26,而 YOLOv4 模型中置信度高达 0.88,YOLOv5 模型的置信度普遍在 0.78~0.83 之间。YOLOv5-m 模型尽管训练效果优异,但识别出了错误的裂缝。究其原因,训练效果的评价指标与检测结果的差异可能是模型的鲁棒性不高造成的,而不是过拟合。在检测时,本节使用最高的 mAP 值对应的权重来进行检测结果分析,这些权重基本位于训练过程的中间阶段,在训练结束之前就早已达到,此时的收敛损失刚好或接近最小值。因此,这些模型中不存在过拟合现象。

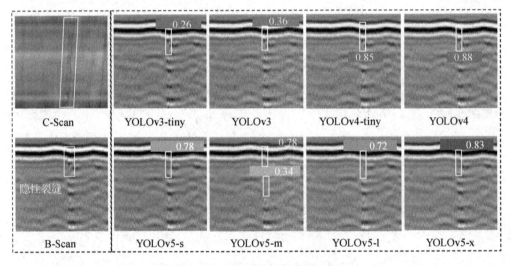

图 3.45 YOLO 模型的检测结果

为了解释鲁棒性问题,本节将一张带有伪裂缝的雷达图像作为检测样本,使用 YOLOv4-tiny、YOLOv4、YOLOv5-s 和 YOLOv5-x 四种模型进行检测分析。如图 3.46 所示,YOLOv4 和 YOLOv4-tiny 模型都能准确识别和定位隐性裂缝,且置信度均在 0.9 以上,甚至达到 0.98。然而,YOLOv5-s 和 YOLOv5-x 模型在识别出隐性裂缝的同时,还识别出了伪裂缝,特别是 YOLOv5-s 模型。这一结果表明,YOLOv5 模型在提取隐性裂缝特征时,也学习了一些伪裂缝的知识。在网络架构层面,这一现象可能与骨干的设计细节有关,如激活函数和 DropBlock 等。因此,这些设计的差异导致 YOLOv5 模型对伪裂缝的鲁棒性较低。

从综合训练效果和检测结果来看,YOLOv4 模型是当前 YOLO 系列中综合性能最佳的。一方面,较低的推理时间和较高的 FPS 表示其检测速度非常快,并且借助 GPU 将能实现更快的检测速度。另一方面,较高的置信度和鲁棒性意味着它在准确检测隐性裂缝方面相对可靠。

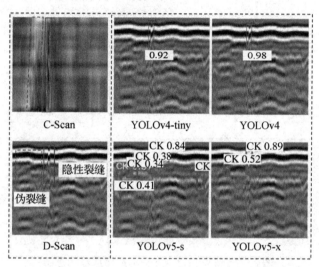

图 3.46　YOLOv4 和 YOLOv5 模型检测结果的对比

3.3　基于逆时偏移成像的沥青路面内部病害三维重构

3.3.1　逆时偏移成像原理

逆时偏移成像即电磁波的逆向传播——退回到 $t=0$ 时刻。此时,所有电磁波反射和绕射的能量均回到最初的空间位置上,外推至 $t=0$ 时刻的波场即为偏移后的波场,能够实现探地雷达道路内部病害检测数据的精准重构。如图 3.47 所示,该方法主要分为以下三个步骤:

(1) 探地雷达发射天线的正演模拟。即以发射源作为初始条件,按照时间轴的正方向,从 $t=0$ 时刻开始进行递推。

(2) 探地雷达接收天线波场的逆时延拓。即以接收器接收到的信号作为初始条件，按照时间轴的逆方向，从 $t=T$（为记录中的最大时刻）开始，逆推每个时刻的波场，直至 $t=0$。

（3）基于时间一致性原理的成像条件进行最终成像。t_s 为发射天线波场从 $t=0$ 时刻开始到达病害目标 D 点的时间，t_r 为接收天线波场从 $t=T$ 时刻开始逆推到达 D 点的时间，若 $t_s=t_r$，则 D 点即为成像点。

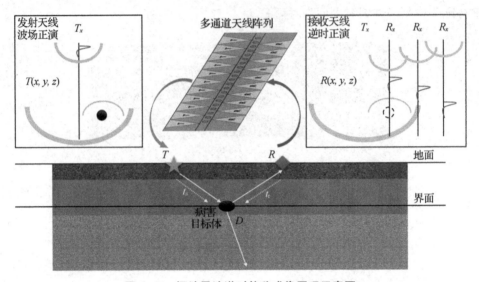

图 3.47　探地雷达逆时偏移成像原理示意图

接收天线的逆时延拓完成一个时间步长 Δt_r 的外推，根据互相关成像条件，将此时刻的波场与发射天线对应时刻 Δt_s 的正演波场进行一次成像，然后对所有时刻所有测点的成像结果进行累积，得到最终的逆时偏移成像结果，如公式（3.11）所示。

$$Image(x,y,z) = \sum\sum T(x,y,z)R(x,y,z) \tag{3.11}$$

式中：

$Image(x,y,z)$ 为成像结果；

$T(x,y,z)$ 和 $R(x,y,z)$ 分别为发射天线和接收天线波场。

将 0 到 T 时刻的互相关成像计算值进行求和，得到目标位置的成像值。

3.3.2　道路结构病害三维探地雷达数值模拟

gprMax 软件基于时域有限差分（Finite-Difference Time-Domain，FDTD）技术和 PML 边界条件可以实现对探地雷达在道路结构中电磁波传播的正演模拟。

软件中内置了大量的探地雷达信号模型,仿真时将各项模型参数和探地雷达参数保存于 in 文件中并利用 cmd 命令运行,在 GPU 上进行道路结构内部病害的模拟,大大提高了运行速度,正演模拟流程如图 3.48 所示。

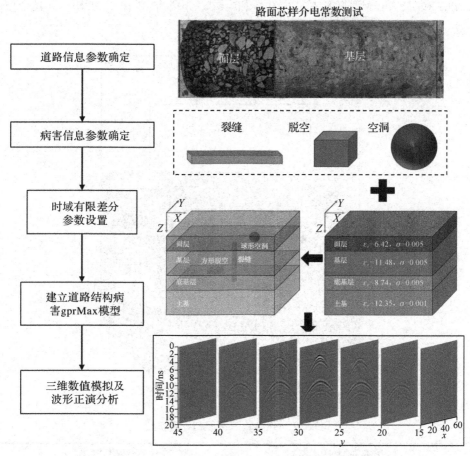

图 3.48 基于 gprMax 的道路结构内部病害正演模拟流程图

1) 模型参数设置

gprMax 模型 in 文件中的参数主要包括模型大小、网格步长、采样时窗、雷达波形与频率、PML 边界厚度及各层的材料参数与厚度等。

如图 3.49 所示,考虑到病害的主要分布位置,道路结构三维模型厚度设置为 1.2 m,包括 18 cm 沥青混凝土面层、40 cm 水泥稳定基层、20 cm 水泥稳定底基层及 42 cm 土基。Ricker 激励源波设置在面层表面,上方充满 80 cm 空气层,可以减少干扰。考虑到 gprMax 模拟精度与效率,路面宽度及探地雷达检测距离均设置为 1.5 m。根据模型的结构和尺寸,道路结构四周的 PML 边界厚度设置为 10 cm。对于模型材料的介电常数设置,面层和基层材料通过路面芯样的介电常数测试取均值得到,空气的相对介电常数和电导率分别为 1 和 0,水的相对介电常数和电导率分别为 81 和 1 S/m,土基的相对介电常数和电导率分别为 12 和 0.01 S/m。其余模型计算参数设置如表 3.9 所示。

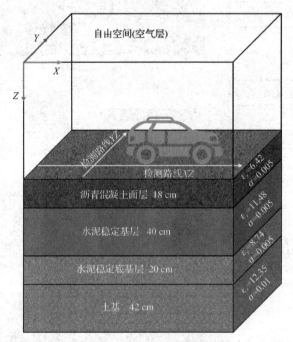

图 3.49　道路结构模型参数设置

表 3.9　gprMax 三维模型计算参数

参数类型	参数取值
模型大小	1.5 m×1.5 m×2.0 m
网格步长	0.1 m×0.1 m×0.1 m
采样时窗	30 ns
天线中心频率	1.6 GHz
激励源类型	Ricker
天线移动步长	0.04 m
测线道数	60

2) 道路内部病害正演模拟方案

道路结构内部病害以裂缝和脱空(空洞)为主,如图 3.50 所示,对于裂缝病害的模拟采用"长条状"的长方体模型,对于脱空病害的模拟采用"扁平状"的长方体模型,对于空洞病害的模拟采用球体模型,以便于病害特征的刻画和病害的三维重构及精度评价。

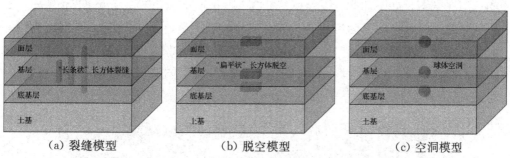

（a）裂缝模型　　　　　　（b）脱空模型　　　　　　（c）空洞模型

图 3.50　道路结构内部病害模型示意图

裂缝、脱空和空洞病害的位置和尺寸设置如表 3.10 所示,设置不同病害尺寸及分布位置用于表征不同的发展时期。对于裂缝模型,中心点设置在基层中心位置,底部尺寸(宽度)分别为 0.2 cm、0.5 cm 和 1 cm,高度分别为 20 cm、40 cm 和 60 cm,分别表示基层内部、贯穿基层,以及由底基层发展至面层的情况。对于脱空模型,底部尺寸宽度分别为 10 cm、15 cm 和 20 cm,高度分别为 3 cm、5 cm 和 10 cm,位置分别设置在面层、基层及底基层的底部,用于表示不同层位底部的脱空情况。对于空洞模型,半径尺寸分别为 5 cm、10 cm 和 15 cm,位置分布与脱空一致。此外,病害模型内部填充物质分别设置为空气和水两种介质,用于分析道路结构内部不同介质下的探地雷达正演波形和偏移效果。

表 3.10　gprMax 三维模型计算参数

病害类型	位置	高度/cm			底部宽度/cm		
裂缝	中心点为基层中心位置	20	40	60	0.2	0.5	1.0
脱空	面层底部、基层底部、底基层底部	3	5	10	10	15	20
空洞	面层底部、基层底部、底基层底部				5、10、15(半径尺寸)		

3) 不同病害的全波形正演

根据前文 gprMax 模型的参数设置情况,对各种道路内部病害正演模拟方案进行扫描,分别产生模型内部填充空气和水两种情况下各个剖面的 B-Scan 图像。由于病害模型设置在中心位置,因此沿 XZ 和 YZ 测线方向的 B-Scan 图像是一致的。

(1) 裂缝正演波形

对设置裂缝病害的道路结构模型沿 XZ 测线方向扫描,对得到的图像每隔 5 个通道的距离进行有序切片(间隔距离为 10 cm),形成具有明显电磁波反射特征的一组序列图。如图 3.51 所示,以尺寸为 40 cm×0.5 cm×0.5 cm 的"长条状"长方体裂缝模型模拟图像为例,沿 y 方向中间第 30 通道($y=0.75$ m)的图片具有最突出的双曲线反射特征,同样每张图片在沿 x 方向中间第 30 通道($x=0.75$ m)出现双曲线波峰,即电场强度达到峰值。整体来看,裂缝模型顶部位置的切片反射信号最强,沿着 x 和 y 两侧方向多次发生绕射,信号强度逐渐降低。

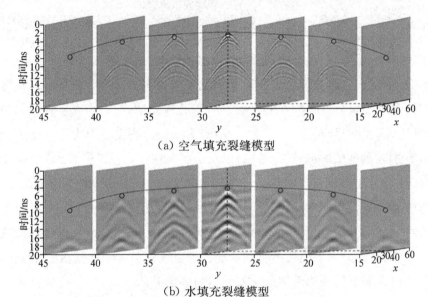

(a) 空气填充裂缝模型

(b) 水填充裂缝模型

图 3.51 裂缝模型沿 XZ 测线方向切片图像

从图 3.51 中可以看出,当裂缝模型中填充介质为水时,图像中的双曲线反射特征更为明显,这是因为水的相对介电常数与道路结构材料的差异远远大于空气。进一步将剖面内每一点的电场强度数据导出提取之后,再经过单位换算等步骤,得出电场强度与检测距离和信号接收时间的三维空间变化图,从图中可以更直观地看出雷达波的变化特点。

图 3.52 为裂缝模型在雷达波反射特征最明显的 B-Scan 切片图像上对应的电场强度三维分布图,三维分布图在 Z 方向底部的投影与 B-Scan 切片图像一致,空气填充裂缝模型的电场强度峰值约为 4 V/m,大于水填充裂缝模型(约 1 V/m)。这是因为水的相对介电常数远大于沥青混凝土和水泥稳定碎石材料,当电磁波进入充满水的裂缝中时发生明显的多次反向绕射,大大降低了电场强度。

（2）脱空正演波形

对设置脱空病害的道路结构模型按照同裂缝模型相同的成像方式，以尺寸为 5 cm×15 cm×15 cm、位置在基层底部的"扁平状"长方体脱空模型模拟图像为例，如图 3.53 所示。由于"扁平状"长方体脱空模型在本质上与裂缝模型的形态一致，因此同样是在沿 x 和 y 方向中间第 30 通道的切片图像具有最明显的特征（信号最强、场强最大），两侧切片依次减弱。

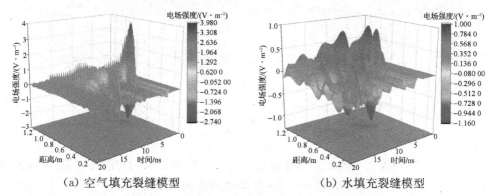

(a) 空气填充裂缝模型　　　　　　　(b) 水填充裂缝模型

图 3.52　裂缝模型模拟电场强度三维分布图

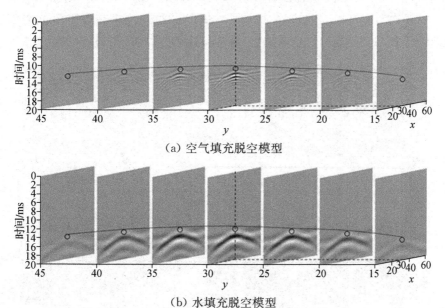

(a) 空气填充脱空模型

(b) 水填充脱空模型

图 3.53　脱空模型沿 *XZ* 测线方向的切片图像

对图 3.53 中 y 方向第 30 通道的切片图像建立电场强度与距离和时间的三维空间变化图，如图 3.54 所示。空气填充脱空模型的场强峰值约为 1.4 V/m，大于水脱空模型(约 0.3 V/m)。可以看出相比于裂缝模型的尺寸,随着脱空病害模型尺寸的增大,电磁波绕射与散射的区域增加,电场强度也逐渐降低,电场强度极值区域与病害空间位置相吻合。

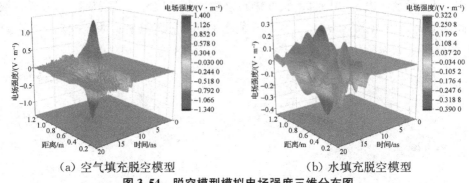

(a) 空气填充脱空模型　　　　　(b) 水填充脱空模型

图 3.54　脱空模型模拟电场强度三维分布图

(3) 空洞正演波形

对设置空洞病害的道路结构模型按照与裂缝模型相同的成像方式,以半径尺寸 $r=10$ cm、位于基层底部的球体空洞模型模拟图像为例,如图 3.55 所示。不同的是,在沿 x 和 y 方向中间第 30 通道的 B-Scan 切片图像特征并不是最明显的,特征最明显的图像对称分布在第 30 通道附近两侧。由于电磁波在球体模型中容易穿过边界,因此相对于棱角更明显的长方体模型,其模拟图像反射特征更弱,识别难度增大。

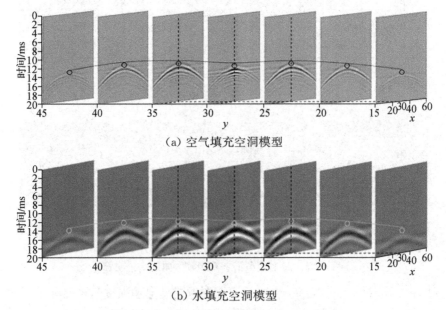

(a) 空气填充空洞模型

(b) 水填充空洞模型

图 3.55　空洞模型沿 XZ 测线方向的切片图像

对图 3.55 中 y 方向第 25 通道的切片图像建立电场强度与距离和时间的三维空间变化图,如图 3.56 所示。此时空气填空空洞模型的电场强度峰值(约 0.9 V/m)仍大于水填充空洞模型(约 0.3 V/m)。此外,相比于脱空的模拟结果,空洞在电场强度峰值周围分布得更加均匀,尤其在水填充模型中,电场强度峰值的突出性更弱。

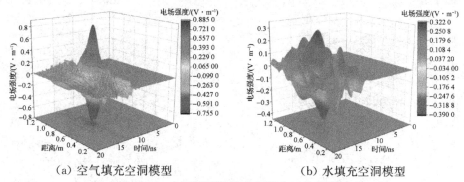

(a) 空气填充空洞模型 (b) 水填充空洞模型

图 3.56 空洞模型模拟电场强度三维分布图

3.3.3 基于逆时偏移的病害图像三维重构

对设置病害的道路结构模型沿 YZ 测线方向扫描,同样得到每隔 5 个通道距离的有序切片 C-Scan 图像,根据前文不同病害的全波形正演图像特征分析结果,每种病害模型选择具有最明显反射特征的 B-Scan 和 C-Scan 图像进行逆时偏移处理。以图像 3.57(a) 中的裂缝模型仿真图像在 $x=0.75$ m 和 $y=0.75$ m 处的 B-Scan 切片图像为例,可以看出经逆时偏移成像后,电磁波经过裂缝区域所反射和绕射的能量基本回到最初的空间位置上($t=0$ 时刻),此时已能明显看出裂缝模型的 B-Scan 视图轮廓。

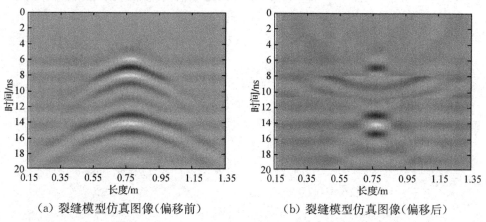

(a) 裂缝模型仿真图像(偏移前) (b) 裂缝模型仿真图像(偏移后)

图 3.57 裂缝病害模型在 $x=0.75$ m 和 $y=0.75$ m 处逆时偏移前后的仿真图像

进一步对以上病害模型两条相互垂直测线反射信号最强处的模拟切片图像进行逆时偏移处理，图 3.58 和图 3.59 分别为空气填充和水填充病害模型 B-Scan 和 C-Scan 切片图像经逆时偏移后的拼接图像。可以看出经过逆时偏移后，病害的特征更容易被识别出来，且各类病害的分布位置与设置的模型是一致的。

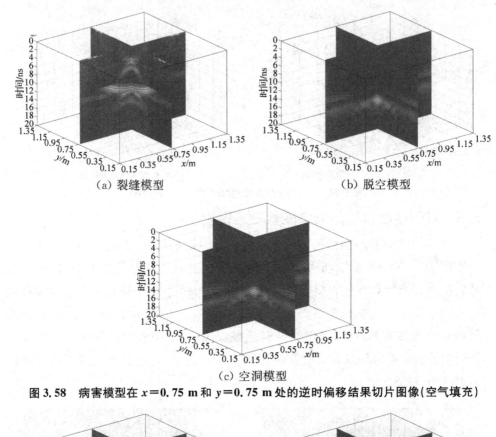

图 3.58　病害模型在 $x=0.75$ m 和 $y=0.75$ m 处的逆时偏移结果切片图像（空气填充）

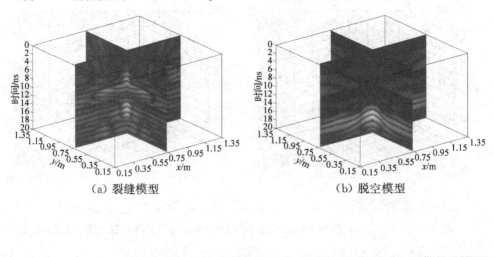

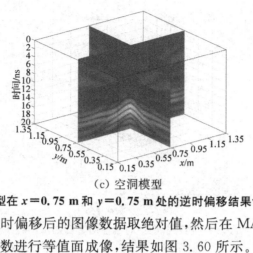

(c) 空洞模型

图 3.59 病害模型在 $x=0.75$ m 和 $y=0.75$ m 处的逆时偏移结果切片图像(水填充)

对图 3.59 中逆时偏移后的图像数据取绝对值,然后在 MATLAB 程序中利用 isosurface 三维隐函数进行等值面成像,结果如图 3.60 所示。为了更清晰地展示三维重构的效果,对坐标系的刻度值进行了压缩,可以明显看出经过三维重构后的病害体与原始模型设置的位置基本一致,在空间体积上也高度重合,这表明逆时偏移方法能够很好地将病害模型反射面的图像呈现出来,也说明该方法对探地雷达病害图像的三维重建是有效的。

为了对逆时偏移重构后的道路病害模型精度进行定量评价,采用三维目标检测评价中的平均交并比(Mean Intersection over Union,MIoU)进行计算。如图 3.61 所示,病害三维重构的精度 P 定义为病害真实体积 $V_{真}$ 和重构体积 $V_{重}$ 的交集与两者的并集之比,如公式(3.12)所示。

$$P = \frac{V_{真} \cap V_{重}}{V_{真} \cup V_{重}} \tag{3.12}$$

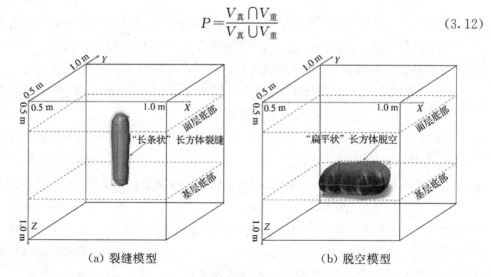

(a) 裂缝模型   (b) 脱空模型

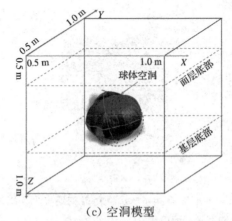

(c) 空洞模型

图 3.60 病害模型逆时偏移图像三维重构结果

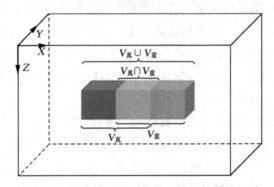

图 3.61 病害模型逆时偏移三维重构精度评价

根据公式(3.12)给出的病害模型逆时偏移重构精度评价方法,对前文中各类病害模拟方案得到的图像分别进行逆时偏移成像和三维重构建模,表3.11~表3.13分别给出了裂缝模型、脱空模型及空洞模型在不同分布层位和不同尺寸大小下的重构精度分析结果。总体上,各组病害模型试验方案的三维重构精度较高(分布在0.725~0.875之间),具体变化规律如下:

(1) 不同类别的病害由于体积、形状不同,探地雷达图像三维重构的精度也不同,具体表现为:长方体病害的重构精度高于球体(球体成像后图像特征较不明显,影响了逆时偏移的成像效果);在长方体中,长条状病害重构精度高于扁平状病害。

(2) 病害内部填充介质不同,重构精度存在差异:三组模型中,病害内部介质填充为水时的重构精度均低于填充为空气时的重构精度,这同样是由于水的相对介电常数远大于沥青混凝土和水泥稳定碎石材料,电磁波进入充满水的病害中损失了更多的电场强度,导致图像的电场强度峰值特征不明显,不利于选取特征图像进行偏移成像。

（3）同一种病害模型中，随着模型尺寸的增大，重构精度大多降低，这可能是由于尺寸增大导致图像波形分布较为分散，不利于偏移成像。

（4）对于脱空（空洞）类病害，病害模型的层位分布对重构精度的影响较大。表现为随着道路深度方向的增加，重构精度逐渐降低，这是因为随着电磁波传播距离的增加，电磁损耗增大，这也影响了偏移成像的效果。

表 3.11 裂缝模型逆时偏移图像三维重构精度分析

高度	底部宽度					
	空气填充			水填充		
	0.2 cm	0.5 cm	1.0 cm	0.2 cm	0.5 cm	1.0 cm
20 cm	0.875	0.857	0.844	0.848	0.832	0.823
40 cm	0.865	0.845	0.851	0.832	0.801	0.814
60 cm	0.842	0.833	0.826	0.806	0.796	0.799

表 3.12 脱空模型逆时偏移图像三维重构精度分析

分布位置	高度	底部宽度					
		空气填充			水填充		
		10 cm	15 cm	20 cm	10 cm	15 cm	20 cm
面层底部	3 cm	0.841	0.826	0.815	0.824	0.812	0.798
	5 cm	0.830	0.811	0.807	0.795	0.769	0.781
	10 cm	0.818	0.804	0.793	0.774	0.764	0.757
基层底部	3 cm	0.823	0.806	0.793	0.797	0.782	0.774
	5 cm	0.813	0.794	0.801	0.782	0.753	0.765
	10 cm	0.791	0.783	0.776	0.758	0.748	0.744
底基层底部	3 cm	0.818	0.801	0.789	0.793	0.778	0.768
	5 cm	0.798	0.792	0.786	0.768	0.749	0.761
	10 cm	0.807	0.799	0.782	0.775	0.754	0.737

表 3.13 空洞模型逆时偏移图像三维重构精度分析

分布位置	球体半径					
	空气填充			水填充		
	5 cm	10 cm	15 cm	5 cm	10 cm	15 cm
面层底部	0.805	0.788	0.776	0.780	0.765	0.757
基层底部	0.776	0.757	0.763	0.755	0.737	0.729
底基层底部	0.763	0.756	0.758	0.742	0.732	0.725

3.4　本章小结

本章首先基于有限差分软件 gprMax 对探地雷达检测路基路面病害进行仿真模拟,对比了频率对检测结果的影响,并对裂缝、脱空和空洞等典型病害进行特征分析,结合实测结果总结路基路面典型病害的判定依据;然后利用深度学习模型 YOLO 实现了雷达图像中隐性裂缝的识别定位,详细介绍数据集构建的过程、YOLO 模型的检测原理和更新版本,根据训练和检测结果,进一步实现了模型的优化。主要结论如下:

(1) 明确了探地雷达检测参数的最佳范围:使用探地雷达检测沥青路面基层病害时,建议检测频率的适宜范围为 1~2 GHz。

(2) 裂缝、脱空和空洞等典型病害的宽度可通过双曲线顶部的水平距离或反射振幅值进行评估,病害宽度与双曲线顶部水平距离和反射振幅值之间均呈现近似线性的关系。

(3) 脱空或空洞的形状对电磁波的响应影响较大,本质上体现为病害与电磁波接触面的大小;相较于矩形(或方形)病害,电磁波对圆形病害的尺寸不敏感。

(4) 与 YOLOv3 模型相比,YOLOv4 和 YOLOv5 模型均能较好地适用于沥青路面隐性裂缝的检测,即使在小样本数据集的情况下,这些模型也能取得很好的训练和检测效果。与 YOLOv3-tiny 模型相比,使用中低端 CPU 的 YOLOv4-tiny 模型的检测速度达 10.16 帧/s,是 YOLOv3-tiny 模型的两倍以上。YOLOv5 系列模型的 mAP 值均超过 85%,其中 YOLOv5-x 模型的 mAP 值最高达 94.4%,而 YOLOv3 模型和 YOLOv3-tiny 模型的 mAP 值则均低于 80%。

(5) YOLOv5-s 模型的检测性能优于其他版本,但其对隐性裂缝识别定位的鲁棒性不高,有时会识别和定位出伪裂缝,这可能与网络骨干结构的设计细节有关。

(6) 病害模型的三维逆时偏移重构结果表明,经逆时偏移处理后,病害二次成像可实现精准空间归位,且重构模型与真实病害的空间体积高度重合;不同类型、不同层位分布的病害均具有较高的重构精度:0.725~0.875;长方体病害的重构精度高于球体病害,空气填充病害的重构精度高于水填充病害。

第四章

沥青路面半刚性基层病害注浆处治与性能评价技术

道路在使用过程中需要承受行车荷载以及水热等复杂环境因素的影响,会出现基层松散脱空、局部强度不足和路基沉陷等病害。灌浆加固技术因其工艺简单、加固周期短且对环境影响较小等优势,在道路非开挖养护维修领域得到了广泛应用。灌浆技术是指通过将灌浆材料按照选定的孔位以一定的压力注入路面以下,填充并压实周围的路面结构,从而提高结构密实度和结构承载力的技术。

4.1　半刚性基层典型病害及成因分析

半刚性基层的无机结合料稳定材料的自身特性以及施工等其他因素,导致半刚性基层常常引发沥青路面早期病害,尤其是水损坏。半刚性基层有如下几个主要问题:基层裂缝;材料松散、唧浆、板底脱空;离析分层;层间接触不良。

1) 基层裂缝

基层裂缝一般多出现于半刚性基层,多数是由非荷载因素引起的,如无机结合料稳定材料的干缩和温缩,多形成横向裂缝[60];或由荷载因素导致基层地面产生弯拉裂缝,随后向上扩展形成纵向裂缝,交叉的横纵裂缝又形成网裂。有研究表明,面层反射裂缝主要是由基层开裂后的水平位移和垂直位移引起的[61-62]。

影响基层开裂的因素有:半刚性基层材料的干缩系数和温缩系数,环境湿度和温度,施工质量以及养生质量。半刚性基层材料的干缩系数和温缩系数与结合料类型和剂量、细颗粒含量以及龄期等因素有关,且半刚性材料的干缩系数比温缩系数大十多倍。通常,半刚性基层多在高温季节修建,刚成型的半刚性基层内部含水率较高,在未封面层前,基层内的水分蒸发会产生干燥收缩,同时受昼夜温差的影响又会产生温度收缩,因此,半刚性基层的养生至关重要。

2) 材料松散、唧浆、板底脱空

事实上,不同病害之间是紧密关联的,常常一种病害是由另一种病害发生后随即产生的。基层材料松散、唧浆以及板底脱空是一系列病害的演化过程,并且与水的作用息息相关。水一旦进入路面内部,在行车荷载作用下形成的动水压力会不断冲刷半刚性基层顶面,形成灰浆,在行驶轮胎的抽吸力作用下,灰浆沿孔隙及裂缝被挤压到面层,形成唧浆,而唧浆主要是由半刚性基层的胶结料组成的,当基层材料的胶结料逐渐剥落、骨料裸露后,基层材料便会松散,久而久之便形成板底脱空。

影响基层材料松散、唧浆、板底脱空的主要因素包括:水、荷载和半刚性基层材料的抗冲刷性能。地表水透过路面裂缝、中央分隔带、路肩或边坡渗透进路面内部,地下水位过高导致基层土基含水量大,这些都是引发沥青路面水损坏的潜在隐患。高俊启、盛余祥等学者通过在钻孔处安装传感器实地模拟雨天路面流水状态,测得了不同车速下沥青路面表面的动态水压力数值,并建立了动态水压力与车速之间的关系,结果表明:动水压力随车速的增加而增大[63]。动水压力的存在使得轮胎与路面之间的水在车辆荷载作用下能够渗透到路面内部,并在荷载反复作用下形成路面结构应力耦合作用场[64],从而引发路面内部水损坏等一系列病害。

在行车荷载尤其是重载作用下,动水压力可能很大,当面层与基层间的裂缝相互贯通时,水在动水压力作用下可以很快渗入基层,同时,基层表面的细料因长期受到剧烈冲刷而形成细料浆,细料浆在轮胎抽吸力作用下被挤出路表,形成唧浆,随着基层材料的流失,面层与基层之间会形成脱空,这对路面结构承载能力的危害极大。

3) 离析分层

由于施工过程中材料污染、机械设备缺陷以及人为因素等,容易导致基层材料的离析。离析的位置粗骨料集中、孔隙率增大,不仅改变了集料的连续级配,而且在碾压过程中易破碎,压实系数发生变化,难以形成整体结构,致使基层平整度及强度降低,水稳定性变差,易引发水损坏。因此,半刚性基层离析的原因包括原材料、级配设计等内因,以及施工机械、人为失误等外因,如水泥作稳定剂的黏附性变小,终凝时间过早;碎石在施工现场受污染,与水泥等胶凝材料的胶结能力变差;碎石堆放不合理导致粗骨料集中等都是造成基层离析的原因。

4) 层间接触不良

尽管可在基层与面层之间浇洒透层油、设置黏层,但基层与面层结构层材料不同、施工先后顺序不同、层间污染等问题,使得基层与面层之间难以紧密结合形成整体;此外,上下基层因施工工艺和方法不同、施工先后顺序不同、养生期不同以及层间污染损伤等因素,影响上下层间的接触条件,易产生局部松散,进而影响基层的力学性能。因此,当沥青路面结构层层间接触不良时,沥青路面的实际工作状态与理论设计状态的相符度难以保证,这对路面的力学响应有较大的影响。

多雨地区雨季时间长,瞬时降雨量大,高速公路沥青路面的水损坏现象要比干旱和半干旱地区重为严重,且这些地区地下水位较高,土基含水量较大,研究表明,沥青路面结构在自然状态下存在内外部水分的动态循环过程,当这种循环处于动态平衡时,路基路面可维持较为稳定的平衡湿度,但当过量外界水滞留在结构内部时,动态平衡状态就会被打破,路面结构强度随之降低,从而引发各种路面病害[65]。因此,水损坏是半刚性基层的一个典型病害。

4.2 地聚合物注浆材料制备及性能测试

传统的水泥基注浆材料价格低,但其流动性难以控制,干缩严重,并且会产生较高的碳排放;高聚物注浆材料具有瞬间凝结固化、无须养护的特点,但较高的成本和相对较低的强度限制了其应用;地聚合物材料是一种新型胶凝材料,是利用碱激发剂激发如粉煤灰、高炉矿渣等工业废料或具有潜在活性的硅铝化合物得到的具有三维骨架结构的无机高分子聚合材料。

地聚合物注浆材料具有强度高、流动性好、防水抗渗性能好等优势,能够较好地适应道路养护的需求。其不足之处在于地聚物注浆材料的施工效果受气候影响较大,其流动范围、凝结时间和强度等在环境湿度影响下会有变化。

目前对注浆效果的评价通常采用弯沉测试等间接手段,通过对比选定区域注浆前后的弯沉值评价注浆的效果和影响范围,这种间接的评价手段无法准确判断注浆材料是否充分填充密实了道路结构内部的缺陷。

针对目前难以检测地聚合物类注浆材料的灌注施工效果问题,结合现有的探地雷达无损检测技术,本书研发了一种具有雷达显影效果的地聚合物注浆材料,并研究了其制备方法与应用。

4.2.1 注浆材料制备

本节选用粉煤灰、高炉矿渣微粉、细砂等作为制备地聚合物注浆材料的主要原材料,按重量份数计主要包括:粉煤灰 80~120 份,高炉矿渣微粉 100~150 份,细砂 250~400 份,水 80~100 份,水玻璃溶液 40~60 份,氢氧化钠固体 5~10 份,减水剂 1~2 份,缓凝剂 1~2 份,铁粉 40~60 份。

在以上材料中:

(1) 粉煤灰为市售普通一级、二级粉煤灰或两者混合物,其细度要求为:45 μm 方孔筛的筛余不超过 20%,SO_3 含量不高于 3%,SiO_2、Al_2O_3、Fe_2O_3 3 种物质的质量分数之和不低于 80%;

(2) 高炉矿渣微粉为高钙型硅铝源物质,选用 S95 级及以上等级的高炉矿渣粉,比表面积不低于 400 m^2/kg,CaO、SiO_2、Al_2O_3、Fe_2O_3 4 种物质的质量分数之和不低于 80%；

（3）水玻璃溶液的水玻璃模数为 3.3，波美度为 40，对应的浓度为 39%，水玻璃溶液中 SiO_2 含量不低于 26%，水玻璃溶液中 Na_2O 含量大于 8.2%；

（4）细砂为粒径小于 4 mm 的河砂；

（5）氢氧化钠固体的纯度大于 99%；

（6）减水剂为聚羧酸类减水剂，缓凝剂为酒石酸。

制备过程如下：

（1）按重量比例称取粉煤灰、高炉矿渣微粉、细砂、减水剂、缓凝剂和铁粉，并将其均匀混合，得到 A 混合物；

（2）将称取好的水玻璃溶液与氢氧化钠固体混合，搅拌至氢氧化钠完全溶解，得到 B 溶液；

（3）在 B 溶液中加入水，然后将 A 混合物逐步加入拌和机中，以 100~200 r/min 的速度搅拌不少于 10 min，得到地聚合物注浆材料。

为比较不同显影剂（铁粉、钢渣）及不同显影剂比例对雷达显影效果的影响，本节设置了 12 个不同的试件，各试件的显影剂比例数据如表 4.1 所示。其他材料的比例（按重量份数计）为：粉煤灰 100 份，高炉矿渣微粉 120 份，细砂 300 份，水 80 份，水玻璃溶液 50 份，氢氧化钠固体 8 份，减水剂 1 份，缓凝剂 1 份。部分试验试件的示意图如图 4.1 所示。

表 4.1 各试件显影剂比例

试件	显影剂	重量份数	比例
1		0	0
2		20	3%
3	铁粉	33	5%
4		53	8%
5		66	10%
6		99	15%
7		0	0
8		20	3%
9	钢渣	33	5%
10		53	8%
11		66	10%
12		99	15%

图 4.1 部分试验试件

4.2.2 材料性能测试试验

利用注浆设备将本材料灌注填充至指定区域,并对注浆材料的 1 d 和 3 d 抗压强度、流动性、凝结时间进行测试。

1) 抗压强度

抗压强度测试的试验方法参考《公路工程水泥及水泥混凝土试验规程》(JTG 3420—2020);成型边长为 100 mm 的正立方体试件,静置一昼夜后拆模,放入养护室中,在标准条件下养护至规定龄期,同龄期的 3 个试件为一组,检测试件 1 d 和 3 d 的抗压强度。抗压强度按照下式计算,以每组 3 个试件测值的算术平均值为测定值。

$$R = 0.95 P/A \tag{4.1}$$

式中:

0.95 为采用非标准试件时的尺寸换算系数;

R 为抗压强度,MPa;

P 为极限荷载,N;

A 为受压面积,mm^2(100 mm×100 mm)。

2) 流动性

流动性测试参考《水泥胶砂流动度测定方法》(GB/T 2419—2005),使用截锥法测试本材料的流动度,具体方法如下:

(1) 将玻璃板和截锥置于试验台,用水润湿各表面,并确保没有明水;

(2) 拌和制备对应的注浆材料,并将拌和完成的浆体迅速倒入截锥模具内,至浆液表面与截锥上口相平,用刮刀刮去多余部分;

(3) 提起截锥模具,待浆液在玻璃表面自由流动 60 s 或至其停止流动;

(4) 测量浆体覆盖的最大直径和垂直方向的直径长度,取平均值作为流动度。

3) 凝结时间

本材料的凝结时间采用贯入阻力法进行测定,具体方法如下:

将砂浆拌匀后装入上口内径为 160 mm、下口内径为 150 mm、高 150 mm 的刚性不渗水的金属圆筒中,试样表面应低于筒口约 10 mm,用振动台振实,振动时间为 3~5 s,置于(20±2)℃的环境中,容器加盖。使用截面积为 100 mm² 的试针测定凝结时间,将砂浆试样筒置于贯入阻力仪上,使测针端部与砂浆表面接触,然后在 10 s 内均匀地使测针贯入砂浆 25 mm 深度。记录贯入阻力,精确至 10 N,记录测量时间,精确至 1 min,贯入阻力按下式计算,精确至 0.1 MPa。

$$R = P/A \tag{4.2}$$

式中:

R 为贯入阻力,MPa;

P 为深度达 25 mm 时所需的净压力,N;

A 为阻力仪试针的截面积,mm²;

当贯入阻力值达到 3.5 MPa 时,将对应的时间作为凝结时间。

4) 试验结果分析

根据上述方法得到的试验结果列于表 4.2 中。

表 4.2 各配合比的材料性能

例	1 d 抗压强度/MPa	3 d 抗压强度/MPa	流动度/mm	凝结时间/min
1	16.1	31.4	343	18
2	15.6	29.8	341	18
3	15.4	28.8	338	19
4	14.9	27.2	336	19
5	14.6	26.2	334	19
6	13.9	23.5	329	20
7	19.0	34.1	331	17
8	18.7	32.7	329	17
9	18.4	31.8	326	18
10	17.9	30.1	323	18
11	17.7	29.8	322	19
12	17.0	26.2	318	19

由表 4.2 可知,不同配合比制作的试件均能够满足路用灌浆材料的性能要求,

在实际工程中,还可以根据路基病害的具体位置、类型进行综合分析,通过合理调整各原料的配合比,满足使用需求。

4.3 沥青路面半刚性基层注浆工艺

地聚合物注浆方法旨在维修改造路基与路面结构。地聚合物注浆在处理公路路基与路面结构、施工进度和工程造价控制方面效果更佳。施工工艺作为工程质量的实际落地环节,对整体工程状态有决定性作用,是确保地聚合物注浆质量的重要环节。

一般来说,半刚性基层沥青路面通常会因为温度应力等因素而出现细小裂缝及大规模开裂病害。通过裂缝,道路表面的水、汽油及其他杂物会透过缝隙渗透进面层与基层中,在车辆反复的挤压下则会出现沉陷、网裂等病害破坏问题。此外,收缩裂缝很容易扩展到沥青面层形成反射裂缝,引起路面整体性和连续性的破坏。在修补路面时,车辆禁止在拟修复的路面上行驶,这显著降低了路面交通容量,从而加剧交通拥堵问题,这既影响到人们的日常出行,给人们的生活造成了诸多不便,同时也会使广大群众对政府交通主管部门产生诸多抱怨。

地聚合物注浆材料的出现,有效解决了传统修补路面时间长、交通干扰严重等问题,它能够在不破坏道路各种材料的基础上,通过浆液的注入,填补脱空区域,弥补细小裂缝,从而快速处治病害,开放交通。

注浆设计的目的是确定最优的参数、工艺流程、施工技术措施,将地聚合物浆液快速地注入路面结构中的缝隙内,进而实现对路基防渗、堵漏、加固处治,切实提高路基强度。常用的注浆方式有填充注浆、劈裂注浆、渗透注浆和压密注浆等,对于水泥路面和沥青路面路基的不同病害类型,要根据实际需要选择不同的注浆材料和工艺设计。

4.3.1 试验路段概况

浙江省 211 省道(S211)是浙江省联系金华东阳与绍兴诸暨的一条主要干线公路,东阳市 2022 年普通国省道养护大中修工程项目涉及 K40+200—K44+425、K57+000—K62+170 段,其中 K61+100—K62+170 路段为非开挖注浆加固补强路段。

K61+100—K62+170 路段于 2002 年建成,按一级公路标准设计,设计速度

60 km/h。2017 年进行了拓宽改造,路幅布置如图 4.2 所示。

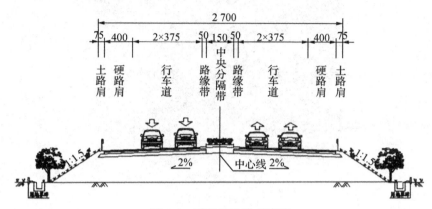

图 4.2 路基标准横断面图

(注:除 2‰、1∶1.5 以外,其他单位为 cm)

该路段的路基宽度为 27 m,中央分隔带宽 1.5 m,共 4 条行车道,车道宽 3.75 m。行车道位置路面结构为:16 cm 沥青混凝土面层+20 cm 水泥稳定碎石基层+32 cm 水泥稳定碎石底基层。全路段只进行了日常养护,尚未进行过大中修养护。

该路段病害情况介绍如下:

S211 K61+100—K62+170 路段,养护前主要病害为面层车辙,局部存在因基层强度不足及水损害引起的网裂和坑槽,如图 4.3 所示。

图 4.3 现场病害

由于该路段病害发展迅速,道路内部隐蔽病害复杂,为了对路面内部病害进行分析研究,初步采用探地雷达,分别使用 400 MHZ 和 900 MHZ 频率的雷达对路段的第二车道进行内部病害检测,如图 4.4 所示。

图 4.4 雷达检测

雷达检测出的病害主要包括疏松、层间接触不良、破碎、脱空、裂缝、不密实等。各病害典型雷达图谱如表 4.3 所示。

表 4.3 病害典型雷达图谱

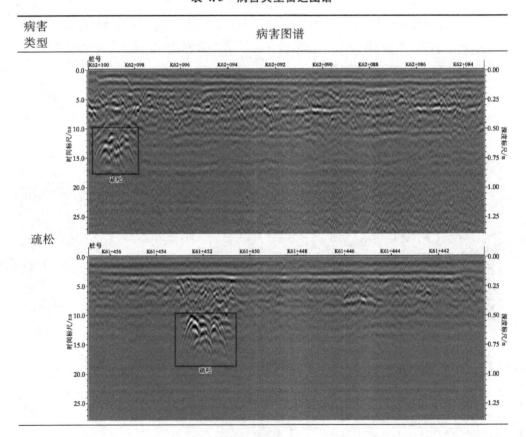

续表

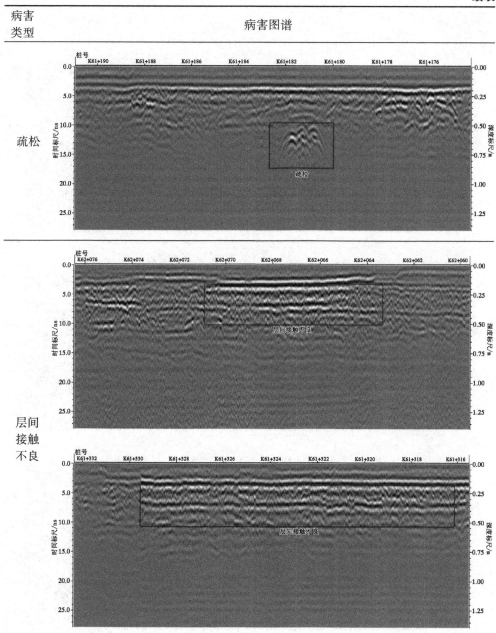

续表

病害类型	病害图谱
层间接触不良	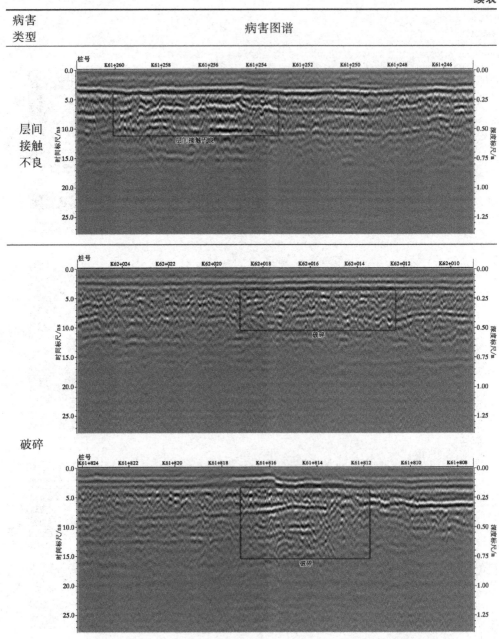
破碎	

续表

病害类型	病害图谱
脱空	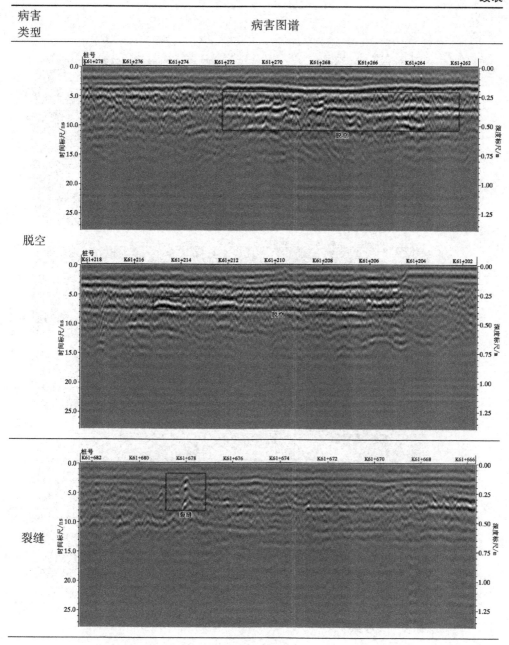
裂缝	

续表

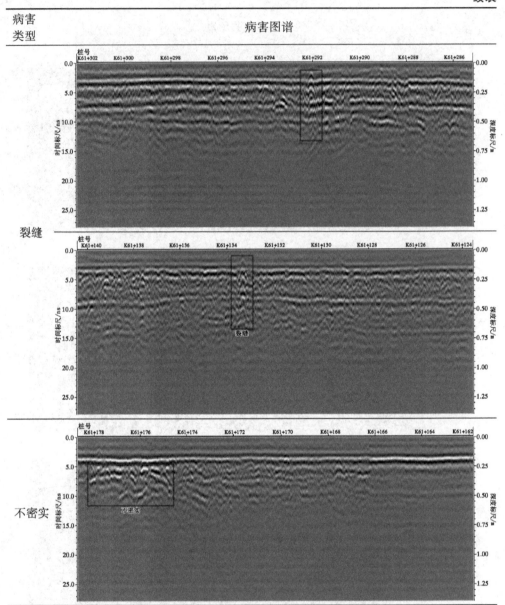

4.3.2 注浆施工方案

施工准备充分,材料、设备、人员按计划全部到位,材料进场检测符合要求,设备完好率100%,施工组织有序,管理到位,质量保证体系和人员在注浆过程中按计划认真工作,这都对工程质量起到保证作用。

1) 施工工艺

(1) 布点

根据雷达检测结果,对该路段病害进行定位,内部病害深度集中在0.6~1.2 m。本次注浆钻孔深度取1.2 m,采用1.2 m间距梅花桩形式布孔。对于个别病害位置深度超过1.2 m的,则采用局部加深钻孔,达到病害位置后再进行注浆。病害检测与布孔示意图如图4.5所示。

(a) 病害检测　　　　　　　　　(b) 布孔

图4.5　道路探地雷达检测病害与注浆布孔现场

施工前根据设计图纸与现场实际情况绘制注浆布孔图(图4.6),并与现场进行对比,以保证施工图纸和布孔图的准确性。

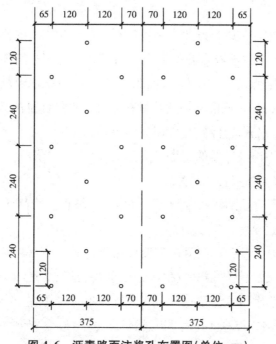

图4.6　沥青路面注浆孔布置图(单位:cm)

(2) 钻孔

采用液压钻机进行钻孔(图 4.7),钻孔应保持与路面垂直,钻孔直径为 50 mm。钻孔完成后,应人工清理孔中碎屑。

钻孔孔位与设计孔位偏差不宜大于 0.2 m,钻孔应保持垂直,允许偏斜率为 1.5%,钻孔有效深度应符合设计要求;钻机施工时,应分序布置并交错施工,同序孔钻孔应符合设计要求。

图 4.7 液压钻孔

(3) 制浆、注浆

制浆:地聚合物注浆材料按照水∶注浆材料=0.34∶1 的比例进行制浆,搅拌时间不得小于 3 min,且浆液自制备至用完的时间不得超过其凝结时间,且不得大于30 min;温度应保持在 5~40 ℃之间,低于 5 ℃时应采取保温措施后方可施工,高于 40 ℃时不得施工。地聚合物注浆材料应采用重量称量法进行计量,允许偏差为±3%;水可按体积进行计量,允许偏差为±1%。

注浆:注浆采用由外向内的工序,进行隔孔跳注。注浆压力为 0.8~1.2 MPa。当满足下列条件之一时可终止注浆:

① 注浆工作压力达到注浆设计压力的上限,停止注浆静压 3~5 min;若压力下降则继续注浆,直至邻孔冒浆为止。

② 在工作压力下单孔注浆量达到设计注浆量的 3 倍以上时。

③ 当邻孔、道路表面纵横缝发生串浆或冒浆、冒积水时,继续注浆 10~20 s。

④ 道路表面单次抬升量超过 5 mm 或累计抬升量超过 15 mm 时。

地聚合物注浆中,若注浆孔附近出现明显异常,应立即停注,待查明原因并采取相应处理措施后及时补浆。注浆剖面示意图如图 4.8 所示,制浆和注浆现场图如图 4.9 所示。

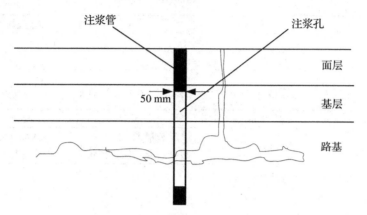

图 4.8 注浆剖面示意图

(a) 制浆

(b) 注浆

图 4.9 制浆和注浆现场图

(4) 封孔、养生

注浆后采用木塞封孔,清理注浆孔周围溢出或洒落的浆液。待浆液达到初凝后拔除木塞,用浆液填孔抹平,确保孔内填充密实,填补至路面齐平。本次采用快凝型地聚合物注浆材料进行注浆,该材料加固后应满足 1 d 封闭养生时间。

2) 施工验收

地聚合物注浆加固工程验收检验批应根据施工、质量控制和专业验收需要划定,宜将同一道路上每两个相邻交叉口之间的路段或单独一个交叉口作为一个检验批,当两个相邻交叉口之间的路段大于 500 m 时,每 200～500 m 作为一个检验批,不足 200 m 的按一个检验批计。

质量检验内容、检验方法和检测频率等如表 4.4、表 4.5 所示。

表 4.4 材料指标要求

项目	流动度/s	凝结时间/min		泌水率/%	耐水率/%	抗压强度/MPa		
		初凝	终凝			1 d	7 d	28 d
地聚合物材料	≤20.0	≥30	≤400	≤0.4	≥95	≥10	≥20	≥30

表 4.5 非开挖注浆施工检测方法及频率

项目	技术要求	检测频率	检验方法
弯沉	满足设计需求	总数量的10%，每处病害，连续检测	落锤式弯沉/贝克曼梁弯沉

注：注浆后，也可采用探地雷达检测注浆充填效果。

4.4 基于无损检测的注浆处治效果评价

4.4.1 基于探地雷达的道路结构缩尺模型检测结果

本节基于4.2节中的配合比制备了12个尺寸为30 cm×10 cm×10 cm 的长方体地聚合物注浆材料试件，并结合普通水泥混凝土试件构建道路结构缩尺模型，进而模拟道路注浆效果检测过程。

构建的道路结构缩尺模型如图4.10所示。模型由两层水泥混凝土试件和地聚合物注浆材料试件组成，其中下层放置一块地聚合物注浆材料试件（图中矩形标注位置），其余为普通水泥混凝土试件。

图 4.10 道路结构缩尺模型

试验采用 IDS-RIS 探地雷达,使用地耦合 TR-HF 天线(1 600 MHz)紧贴模型上表面进行测量,如图 4.11 所示。试验过程中,将各个试件分别放置在沥青路面和土基上进行测量,每个试件按正、反两个方向各测量一次。

(a) 沥青路面　　　　　　　　　　　　(b) 土基

图 4.11　检测过程示意图

部分检测图像如表 4.6 和表 4.7 所示。

表 4.6　部分雷达检测图像(试件置于沥青路面上)

显影剂种类及比例	正方向	反方向
0(对照组)		

续表

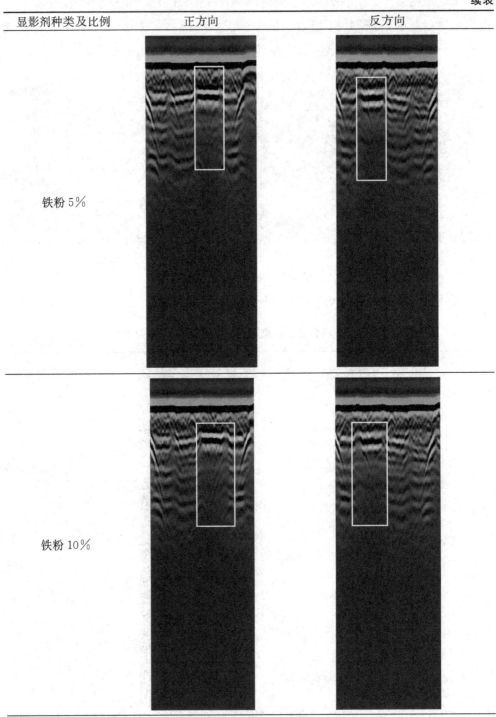

续表

显影剂种类及比例	正方向	反方向
钢渣 5%		
钢渣 10%		

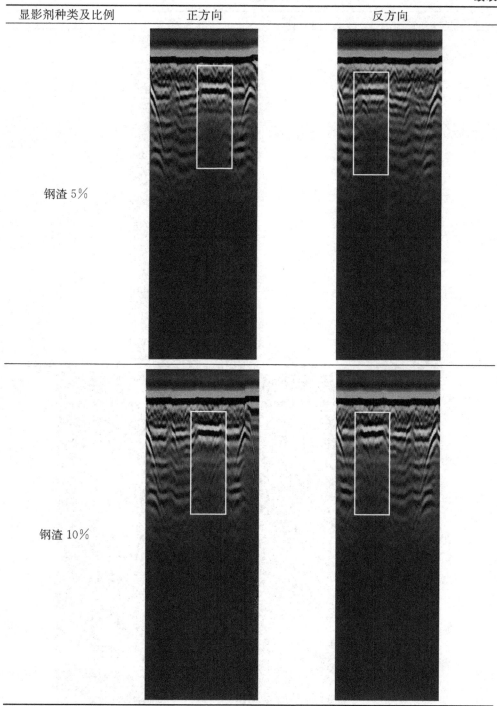

表 4.7　部分雷达检测图像(试件置于土基上)

显影剂种类及比例	正方向	反方向
0(对照组)		
铁粉 5%		

续表

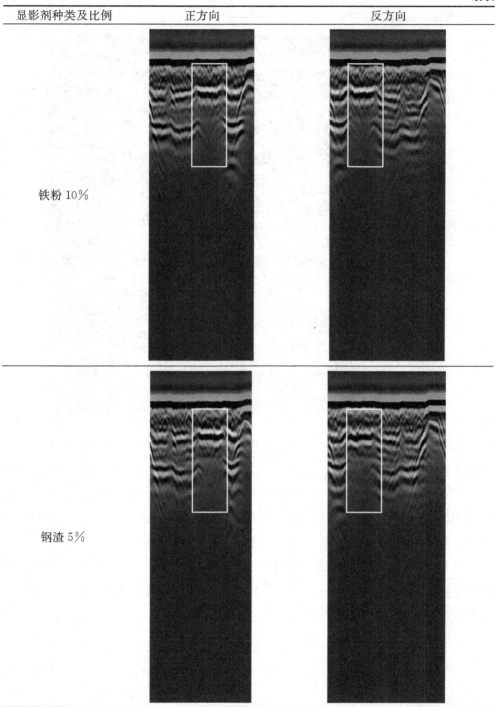

显影剂种类及比例	正方向	反方向
铁粉 10%		
钢渣 5%		

续表

显影剂种类及比例	正方向	反方向
钢渣 10%	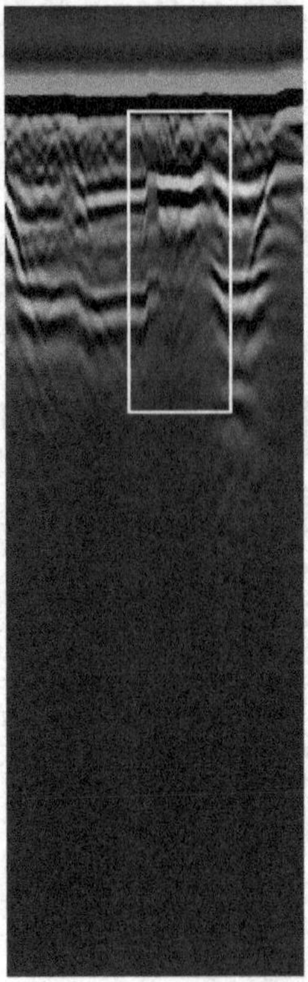	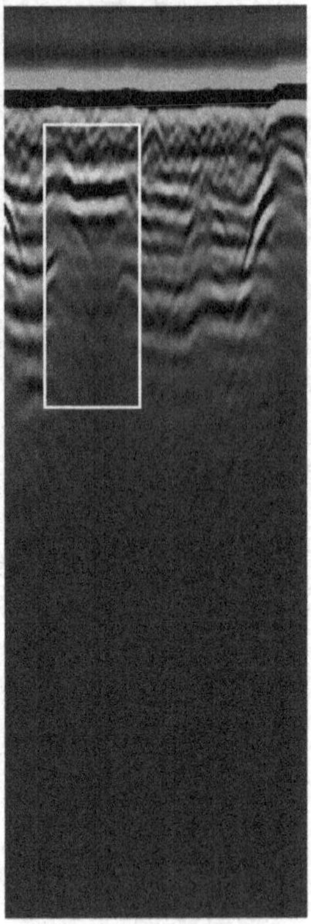

由检测结果可以看出,加入显影剂后的试件(注浆区域)在雷达图像中与周围产生明显区别,主要表现为在层间界面处反射信号增强,在界面以下反射信号减弱,可见在注浆材料中加入一定比例的铁粉或钢渣作为显影剂,均能够在保留原有材料强度高、流动性好、施工快速且不需要开挖、成本低等优势的同时,提供明显的雷达显影效果,有助于结合探地雷达快速评价灌浆施工质量。

此外,如图 4.12 所示,进一步结合 gprMax 探地雷达电磁波仿真手段建立道路内部结构模型,在基层中间设置方形空洞模型,分别设置不同比例的铁粉显影添加剂,然后进行探地雷达检测仿真成像。

图 4.12 道路结构内部空洞 gprMax 模型示意图

如图 4.13 所示,在分别掺入质量分数为 0、1%、5% 及 10% 的铁粉显影剂后,设置与实测频率一致的 Ricker 激励源和电磁波发射信号,对道路结构内部的空洞注浆后进行电磁波仿真成像,通过接收发射信号并进行叠加,得到仿真成像结果。同时,结合前文研究,将室内模型试验(加入不同铁粉质量分数的水泥浆试件)的检测结果与模拟图像进行对比,可以看出不同铁粉掺量下,探地雷达图像差异明显。在仿真图像中,加入铁粉后立刻出现明显的高亮反射,当加入 5% 及以上的铁粉时,反射特征十分明显。而在室内模型试验的测试结果中,上述特征不太明显,这可能是因为实际成型的材料介质具有非均匀的多相离散特点,其介电常数分布的随机离散性对成像结果产生了较大的影响。但无论如何,加入显影剂后的试件(注浆区域)仍能看出一定的区别,说明将铁粉作为注浆材料的探地雷达显影添加剂是可行的。

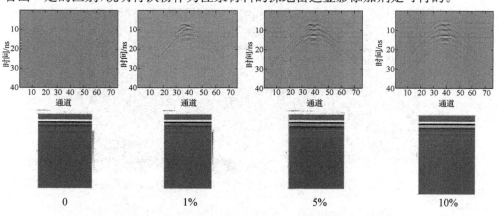

图 4.13 空洞模型添加不同质量分数的铁粉显影剂成像图

4.4.2 基于探地雷达的注浆路段现场检测结果

根据4.3.1节中的道路注浆试验段,在东阳市2022年普通国省道养护大中修工程的K61+100—K62+170路段(非开挖注浆加固补强路段)中加入5%的铁粉,然后进行探地雷达实测,注浆前后的三维探地雷达检测图像如图4.14所示。可以看出,在所圈定的异常处,探地雷达同相轴出现中断,推断为松散发育区(需要注浆加固),测线圈异常较裂缝发育区异常稍深,推断存在脱空,地聚合物注浆后,同相轴连续性好,且信号整体较均匀。水泥注浆前,雷达信号相对整齐,但有局部同相轴断裂;注浆后,松散区域得到修补。可以推断,在注浆压力的作用下,浆液注入基层结构中,通过裂缝渗透、填充、压密和扩张挤走基层脱空及裂缝中的积水和空气,形成浆脉。由于地聚合物浆液本身稳定性好、强度大,加上浆体的流动性能好,在压力作用下具有较强的渗透力,进而使基层和路基的密实度和水稳定性得到显著提升,使道路结构更加致密,缺损得到较好修补。这说明水泥注浆和地聚合物注浆都对病害有治理作用,但地聚合物注浆比水泥注浆处理效果好。

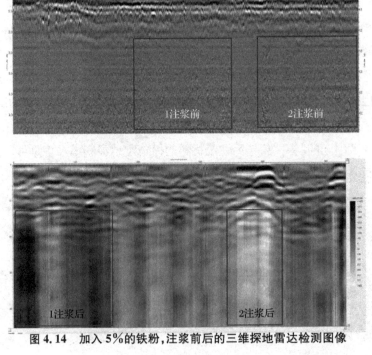

图4.14 加入5%的铁粉,注浆前后的三维探地雷达检测图像

4.4.3 基于落锤式弯沉仪的注浆段弯沉检测结果分析

如图 4.15 所示,采用落锤式弯沉仪(FWD)检测,在病害周围布设检测点,取所有实测弯沉值进行分析。一般以病害为中心点,向两侧依次选取 20 cm、30 cm、50 cm、150 cm 处的点进行检测。

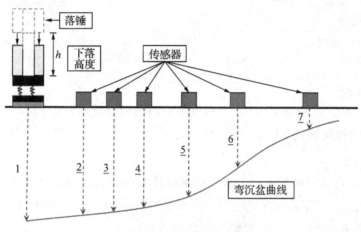

图 4.15 弯沉检测示意图

对某段松散区域注浆前后的实测弯沉值进行分析,检测结果如图 4.16 和图 4.17 所示。

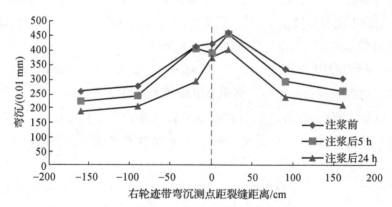

图 4.16 裂缝右轮迹带上测量的弯沉变化情况

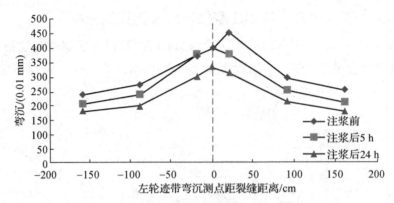

图 4.17　裂缝左轮迹带上测量的弯沉变化情况

研究结果表明,注浆后 24 h 所测点的路面结构弯沉与注浆后 5 h 相比降低了 15%左右,与注浆前相比降低了 20%～30%,证明注浆料对路面整体强度的提高是有利的。

此外,研究采用了某现役高速公路基层注浆的数据结果。对注浆维修段在注浆前后分别进行了 FWD 弯沉检测。在检测过程中,要做好弯沉检测点的标记,确保不同阶段的弯沉检测位置相同。每条裂缝检测 3 个点,根据实测值大小分别记为极大值、极小值和中间值,并计算平均值和弯沉差。结果表明:

(1) 注浆前基层弯沉差与注浆后弯沉降低幅度具有较好的对应关系,注浆前弯沉差较大的位置,其注浆后弯沉的降低幅度也较大,说明注浆效果更为明显;

(2) 相比于注浆后弯沉中间值、极小值和极大值的降低幅度,注浆后弯沉平均值的降低幅度与注浆前基层弯沉差的相关性最好;

(3) 注浆前半刚性基层弯沉差与原路面弯沉差具有较好的对应关系,注浆前半刚性基层弯沉差较大位置与原路面弯沉差较大位置基本重合。

结合既往工程经验,若注浆后的弯沉值较注浆前弯沉值下降 30%以上,则认为具有较好的注浆效果,也就是说,该位置的病害类型较为适宜采用注浆方式进行修复。

结合 FWD 弯沉差的研究结果可知,半刚性基层顶部裂缝位置弯沉差大于 30%(0.01 mm)时,较为适宜采用注浆补强方式对该处病害进行修复。

4.5　本章小结

本章通过设计室内试验,研究了不同配合比注浆材料的性能,确定了注浆材料的最佳配合比及外加剂;基于探地雷达检测并结合选定注浆材料的流变性能,研究了适配的注浆工艺,并依托实体工程进行注浆处治的应用研究;通过不同病害处治前后的探地雷达图像识别,评价注浆材料的空间分布情况,结合弯沉测试等技术综合评价注浆处治的效果。主要结论如下:

(1) 地聚合物材料是一种新型胶凝材料,具有强度高、流动性好、防水抗渗性能好等优势,能够较好地适应道路养护的需求,处理效果优于水泥注浆。地聚合物类注浆材料在加入铁粉作为显影剂后,性能损失较少,能够在保留原有材料强度高、流动性好、施工快速且不需要开挖、成本低等优势的同时,提供明显的雷达显影效果,有助于快速评价注浆施工质量。

(2) 在研发的地聚合物注浆材料中加入不同材料的显影剂(铁粉、钢渣),通过室内模型试验的检测结果可以看出,加入5%及以上显影剂的试件(注浆区域)在雷达图像中与周围产生明显区别,主要表现为在层间界面处反射信号增强,在界面以下反射信号减弱,其中,铁粉作为显影剂时图像的特征更为明显。

(3) 结合既往工程经验,若注浆后的弯沉值较注浆前弯沉值下降30%以上,则认为具有较好的注浆效果,也就是说,该位置的病害类型较为适宜采用注浆方式进行修复。结合FWD弯沉差的研究结果可知,半刚性基层顶部裂缝位置弯沉差大于30%(0.01 mm)时,较为适宜采用注浆补强方式对该处病害进行修复。

(4) 结合注浆后路段的现场检测结果,注浆后区域的探地雷达图像相比于之前更为均匀(无明显高亮反射);注浆后路面结构性能测试结果表明,注浆路段的性能指标符合要求,说明注浆材料研发及应用是科学有效的。

第五章
结论与展望

5.1 主要研究结论

本书针对沥青路面半刚性基层病害识别能力不足的问题，基于探地雷达检测与深度学习算法，实现了公路沥青路面半刚性基层病害的智能识别，研发了掺有外加剂的聚合物注浆材料，形成相应的注浆工艺，并通过探地雷达对基层处治效果进行评价，实现公路沥青路面半刚性基层的精准修复，为公路养护决策、工程改扩建等提供了有力支撑。主要结论如下：

（1）研究了沥青路面结构电磁波传播基础理论，利用 COMSOL 有限元建模分析各种因素对电磁波传播的影响，得到以下结论：

① 道路结构材料的介电常数对探地雷达检测的影响很大；水的介电常数非常大，即使在低频电磁波下，含水孔隙也能被很容易地被检测到。

② 探地雷达检测中最容易检测的是病害尺寸大于电磁波波长的物体，病害尺寸小于电磁波波长的物体很难被检测到。

③ 当孔隙率不是很高时，孔隙率的变化对整体检测结果影响不大；但孔隙中的最大孔隙对雷达检测结果有很大的影响，最大孔隙越大，越容易干扰雷达检测。

④ 病害在路面内的半径大小和埋置深度都对检测精度有影响，一般来说，病害半径越大、埋置深度越浅，检测越容易、精度越高。

⑤ 明确了探地雷达检测参数的最佳范围：使用探地雷达检测沥青路面基层病害时，建议检测频率的适宜范围为 $1\sim2$ GHz。

（2）研究了公路沥青路面半刚性基层典型病害的探地雷达图像特征，并结合人工智能算法实现病害图像的智能精准识别，得到以下结论：

① 结合 gprMax 电磁波成像仿真、室内室外模型试验及现场取芯验证，对裂缝、脱空和空洞等典型病害进行特征分析，结合实测结果总结了路基路面典型病害的判定依据；裂缝、脱空和空洞等典型病害的宽度可通过双曲线顶部的水平距离或反射振幅值进行评估，病害宽度与双曲线顶部水平距离和反射振幅值之间均呈现近似线性的关系。

② 结合现场检测，建立了公路半刚性基层沥青路面结构内部典型病害的探地雷达图像库，利用主流的 YOLO 系列目标检测模型对道路内部裂缝的探地雷达图像进行识别，结果表明，该系列模型检测精度较高，均能较好地适用于沥青路面隐性裂缝的检测。其中 YOLOv5-s 模型在经过结构优化改进和图像增强处理后，检测精度可达到 93.1%，可以满足沥青路面病害精准检测的要求。

③ 病害模型的三维逆时偏移重构结果表明，经逆时偏移处理后，病害二次成像可实现精准空间归位，且重构模型与真实病害的空间体积高度重合；不同类型、不同层位分布的病害均具有较高的重构精度：0.725～0.875；长方体病害的重构精度高于球体病害，空气填充病害的重构精度高于水填充病害。

（3）研发了公路沥青路面半刚性基层病害注浆材料及施工处治技术，利用探地雷达对注浆后的道路性能进行测试评价，得到以下结论：

① 地聚合物材料是一种新型胶凝材料，具有强度高、流动性好、防水抗渗性能好等优势，能够较好地适应道路养护的需求。地聚合物类注浆材料在加入铁粉作为显影剂后，性能损失较少，在材料流动性、抗压强度和黏结强度等方面达到半刚性基层修补材料要求的同时，提供明显的雷达显影效果，有助于快速评价注浆施工质量。

② 在研发的地聚合物注浆材料中加入不同材料的显影剂（铁粉、钢渣），通过室内模型试验的检测结果可以看出，加入5%及以上显影剂的试件（注浆区域）在雷达图像中与周围产生明显区别，主要表现为在层间界面处反射信号增强，在界面以下反射信号减弱，其中，铁粉作为显影剂时图像的特征更为明显。道路结构缩尺模型放置于土基上（模拟土基注浆）的图像比放置于路面上的图像更模糊，雷达波反射特征减弱，这是因为土壤的介电常数相比于水泥混凝土，与铁粉的相对介电常数差别更小，且土壤受含水影响，其介电常数分布不均匀，对探地雷达的图像造成较大干扰。

③ 结合注浆后路段的现场检测结果，注浆后区域的探地雷达图像相比于之前更为均匀（无明显高亮反射），在加入显影剂的注浆路段，其注浆区域出现明显的高亮反射，可以反映出浆液的分布情况；注浆后路面结构性能测试结果表明，注浆路段的性能指标符合要求，说明注浆材料研发及应用是科学有效的。

5.2 研究展望

本书的研究有待进一步解决。例如，探地雷达病害图像类型较为单一，数据量不足；深度学习模型主要选取了YOLO系列，缺少与其他模型的对比。后续研究需要增加病害图像样本和模型种类，并通过使用高性能服务器来提高训练和检测性能。此外，探地雷达图像的三维重构须进一步结合室内及室外模型试验进行验证，以在未来指导沥青路面半刚性基层的注浆用量。

参考文献

[1] 李强,潘玉利. 路面快速检测技术与设备研究进展及分析[J]. 公路交通科技,2005,22(9):35-39.

[2] 马建,赵祥模,贺拴海,等. 路面检测技术综述[J]. 交通运输工程学报,2017,17(5):121-137.

[3] 李伊,孙立军,胡玥,等. 沥青面层模量的检测与损伤分析[J]. 中国公路学报,2020,33(10):304-315.

[4] 许新权,杨军,吴传海,等. FWD荷载作用下碾压混凝土基层沥青路面的动态响应试验[J]. 江苏大学学报(自然科学版),2019,40(4):484-491.

[5] 臧国帅,孙立军. 基于FWD的半刚性基层开裂状况无损评价模型[J]. 土木工程学报,2019,52(1):115-121.

[6] 章天杰. 沥青路面雷达波传播机制与探地雷达应用检测技术研究[D]. 南京:东南大学,2019.

[7] LENG Z, AL-QADI I L, LAHOUAR S. Development and validation for in situ asphalt mixture density prediction models [J]. NDT & E International, 2011, 44(4):369-375.

[8] ZHAO S, AL-QADI I L. Development of an analytic approach utilizing the extended common midpoint method to estimate asphalt pavement thickness with 3-D ground-penetrating radar [J]. NDT & E International, 2016, 78:29-36.

[9] 卢成明,秦臻,朱海龙,等. 探地雷达检测公路结构层隐含裂缝实用方法研究[J]. 地球物理学报,2007,50(5):1558-1568.

[10] 郭士礼,闫飞,朱培民,等. 裂缝宽度探地雷达波场响应的数值研究[J]. 地球物理学进展,2016,31(4):1803-1808.

[11] 朱能发,孙士辉,陈坚. 地质雷达在公路路面无损检测中的应用[J]. 工程地球物理学报,2014,11(4):522-527.

[12] 欧阳文钊. 公路路面层裂缝病害探地雷达正演模拟研究[D]. 武汉:武汉理工大学,2016.

[13] DIAMANTI N, REDMAN D. Field observations and numerical models of GPR response from vertical pavement cracks [J]. Journal of Appiled Geophysics, 2012, 81:106-116.

[14] 童峥. 基于深度学习和探地雷达技术的路面结构病害检测研究[D]. 西安:长安大学,2018.

[15] 吴鹏志. 基于探地雷达的路面结构隐性病害识别诊断技术研究及应用[D]. 北京:北京建筑大学,2019.

[16] YUAN C X, LI S, CAI H B, et al. GPR signature detection and decomposition for mapping buried utilities with complex spatial configuration[J]. Journal of Computing in Civil Engineering, 2018, 32(4): 04018026.

[17] 王一帆. 基于支持向量机和探地雷达技术的公路浅层病害检测研究[D]. 郑州:华北水利水电大学,2019.

[18] 刘立超. 基于人脸识别的三维探地雷达道路病害变化自动识别技术研究[D]. 北京:中国地质大学(北京),2018.

[19] TONG Z, GAO J, HAN Z Q, et al. Recognition of asphalt pavement crack length using deep convolutional neural networks[J]. Road Materials and Pavement Design, 2018, 19(6): 1334-1349.

[20] TONG Z, GAO J, ZHANG H T. Innovative method for recognizing subgrade defects based on a convolutional neural network[J]. Construction and Building Materials, 2018, 169: 69-82.

[21] TONG Z, GAO J, ZHANG H T. Recognition, location, measurement, and 3D reconstruction of concealed cracks using convolutional neural networks[J]. Construction and Building Materials, 2017, 146: 775-787.

[22] 王超杰. 半刚性基层裂缝快速识别与修补技术的研究[D]. 兰州:兰州理工大学,2018.

[23] PEI J Z, CAI J, ZOU D G, et al. Design and performance validation of high-performance cement paste as a grouting material for semi-flexible pavement[J]. Construction and Building Materials, 2016, 126: 206-217.

[24] ZHANG J P, CAI J, PEI J Z, et al. Formulation and performance comparison of grouting materials for semi-flexible pavement[J]. Construction and Building Materials, 2016, 115: 582-592.

[25] DAVIDOVITS N, DAVIDOVICS M, DAVIDOVITS J. Ceramic-ceramic composite material and production method: US4888311(A)[P]. 1988-06-10.

[26] 尹明,白洪涛,周吕. 粉煤灰地质聚合物混凝土的强度特性[J]. 硅酸盐通报, 2014, 33(10): 2723-2727.

[27] BAKHAREV T. Durability of geopolymer materials in sodium and magnesium sulfate solutions [J]. Cement and Concrete Research,2005,35(6):1233-1246.

[28] 张超,潘旺,方宏远,等.聚氨酯泡沫注浆修复材料泡孔结构特征及抗压时能研究进展[J].材料导报,2024,38(3):225-238.

[29] 潘旺,夏洋洋,张超,等.新型聚氨酯弹性体注浆材料的压缩尺寸效应及应变率效率[J].材料导报,2023,37(15):269-275.

[30] 石明生.高聚物注浆材料特性与堤坝定向劈裂注浆机理研究[D].大连:大连理工大学,2011.

[31] 石明生,罗静,张蓓.高聚物注浆材料吸水特性及温度变化对体积影响试验研究[J].中外公路,2010,30(3):289-291.

[32] 石明生,于冬梅,王复明.高聚物注浆材料的弯曲性能[J].材料科学与工程学报,2010,28(4):514-517.

[33] 王复明,李晓龙,张蓓,等.临坡面岩体竖向裂隙注浆设计方法:CN110516344A [P].2019-11-29.

[34] 王复明,张蓓,蔡迎春,等.路基路面材料特性反演与快速检测维修整套技术 [Z].郑州:郑州大学,2008.

[35] 王复明,王建武,苏茂林,等.堤坝除险加固高聚物注浆成套技术及装备 [Z].郑州:郑州大学,2012.

[36] SHI M S, WANG F M, LUO J. Compressive strength of polymer grouting material at different temperatures [J]. Journal of Wuhan University of Technology(Materials Science Edition),2010,25(6):962-965.

[37] 石明生,夏威夷.聚氨酯高聚物注浆固化温度试验研究[J].化工新型材料,2014,42(7):133-135.

[38] 王丽娜.注浆技术在路基加固中的机理及应用研究[D].济南:山东大学,2017.

[39] 李阿雷.高速公路半刚性基层沥青路面浅层注浆补强加固技术研究[D].西安:长安大学,2014.

[40] 张淼.高速公路路基深陷注浆处治技术研究[D].长沙:中南大学,2014.

[41] 李会安.非开挖式地聚合物注浆技术研究与应用[D].西安:长安大

学,2015.

[42] 张杨,周黎明,肖国强. 基于 gprMax 的隧道超前预报雷达正演模拟及应用[J]. 人民长江,2017,48(7):50-55.

[43] 徐立勤,曹伟. 电磁场与电磁波理论[M]. 3版. 北京:科学出版社,2018.

[44] 张蓓. 路面结构层材料介电特性及其厚度反演分析的系统识别方法:路面雷达关键技术研究[D]. 重庆:重庆大学,2003.

[45] 肖明顺,昌彦君,曹中林,等. 探地雷达数值模拟的吸收边界条件研究[J]. 工程地球物理学报,2008,5(3):315-320.

[46] 刘涛. 基于无损检测方法的沥青路面介电特性与施工质量评价研究[D]. 广州:华南理工大学,2016.

[47] 王湘云,郭华东,王超,等. 干燥岩石的相对介电常数研究[J]. 科学通报,1999,44(13):1384-1391.

[48] 朱陆陆. 蒙特卡洛方法及应用[D]. 武汉:华中师范大学,2014.

[49] LIN T Y, GOYAL P, GIRSHICK R, et al. Focal loss for dense object detection [J]. IEEE Transactions on Pattern Analysis and Machine Intelligence,2020,42(2):318-327.

[50] LIN T Y, DOLLAR P, GIRSHICK R, et al. Feature pyramid networks for object detection [C]//2017 IEEE Conference on Computer Vision and Pattern Recognition (CVPR), July 21-26, 2017, Honolulu, HI, USA. IEEE,2017:936-944.

[51] REDMON J, DIVVALA S, GIRSHICK R, et al. You only look once: Unified, real-Time object detection [C]// 2016 IEEE Conference on Computer Vision and Pattern Recognition (CVPR), June 27-30, 2016, Las Vegas, NV, USA. IEEE, 2016:779-788.

[52] HE K M, ZHANG X Y, REN S Q, et al. Spatial pyramid pooling in Deep convolutional networks for visual recognition [J]//IEEE Transactions on Pattern Analysis and Machine Intelligence,2015(9):1904-1916.

[53] WANG C Y, MARK LIAO H Y, WU Y H, et al. CSPNet: A new backbone that can enhance learning capability of CNN [C]//2020 IEEE/CVF Conference on Computer Vision and Pattern Recognition Workshops(CVPRW),

June 14 – 19, 2020, Seattle, WA USA. IEEE, 2020: 1571 – 1580.

[54] LIU S, QI L, QIN H F, et al. Path aggregation network for instance segmentation [C]//2018 IEEE/CVF Conference on Computer Vision and Pattern Recognition, June 18 – 23, 2018, Salt Lake City, UT, USA. IEEE, 2018: 8759 – 8768.

[55] REZATOFIGHI H, TSOI N, GWAK J, et al. Generalized intersection over union: A metric and a loss for bounding box regression [C]//2019 IEEE/CVF Conference on Computer Vision and Pattern Recognition (CVPR), June 15 – 20, 2019, Long Beach, CA, USA. IEEE, 2019: 658 – 666.

[56] ZHENG Z H, WANG P, LIU W, et al. Distance-IoU loss: Faster and better learning for bounding box regression [C]//2020 AAAI Conference on Artificial Intelligence / 32nd Innovative Applications of Artificial Intelligence Conference / 10th AAAI Symposium on Educational Advances in Artificial Intelligence, February 7 – 12, 2020, New York, NY, USA, 2020: 12993 – 13000.

[57] GHIASI G, LIN T Y, LE Q V. DropBlock: A regularization method for convolutional networks [C]//2018 Conference on Neural Information Processing Systems (NIPS), December 2 – 8, 2018, Montreal, CANADA, 2018: 10727 – 10737.

[58] WANG C Y, BOCHKOVSKIY A, LIAO H Y M. Scaled-YOLOv4: Scaling cross stage partial network [C]//2021 IEEE/CVF Conference on Computer Vision and Pattern Recognition (CVPR), June 20 – 25, 2021, Nashville, TN, USA. IEEE, 2021: 13024 – 13033.

[59] MA H J, LIU Y L, REN Y H, et al. Detection of collapsed buildings in post-earthquake remote sensing images based on the improved YOLOv3 [J]. Remote Sensing, 2019, 12(1): 44.

[60] 沙庆林. 高速公路沥青混凝土路面的早期破坏 [J]. 公路, 2004(11): 76 – 82.

[61] 程文静. 半刚性基层沥青路面早期病害及其防治研究 [D]. 济南: 山东大学, 2013.

[62] 孙立军. 沥青路面结构行为理论 [M]. 上海: 同济大学出版社, 2003.

[63] 高俊启, 盛余祥, 张世铎, 等. 动水压力作用下沥青路面渗水量影响分析 [J]. 南京航空航天大学学报, 2013, 45(2): 266 – 270.

[64] 魏鹏克. 动水压力作用下沥青混凝土路面破坏研究 [D]. 重庆:重庆交通大学, 2013.

[65] 毕玉峰,王松根,张宏超. 降水对沥青路面的侵蚀机理研究 [J]. 中外公路, 2010, 30(5): 87-90.